# Como sueños y nubes

VACUIDAD E INTERDEPENDENCIA

MAHAMUDRA & DZOGCHEN

Ringu Tulku Rimpoché

Primera edición: 2011
EDITORIAL BODHICHARYA
Editorial Bodhicharya es una sociedad de interés comunitario registrada en el Reino Unido.
38 Moreland Avenue, Hereford, HR1 1BN, UK
www.bodhicharya.org   Email: publications@bodhicharya.org

©Bodhicharya Publications

Ringu Tulku reivindica el derecho moral de ser reconocido como autor de esta obra.
No se permite la reproducción total o parcial de este libro sin el permiso del editor.
El editor agradecerá la reproducción de sus títulos en otros idiomas.
Para más información, póngase en contacto con el editor.

ISBN 978-1-915725-23-3
Edición en español 2024 traducida por Betty Lamenca.

*Vacuidad e Interdependencia:* transcripción y edición por Mary Heneghan y Jonathan Clewley.

*Superar circunstancias difíciles,* Gangtok, Sikkim, India. Marzo 2013. Transcripción y edición por Mary Heneghan. (texto en página xvii)

Editorial Bodhicharya, equipo de este libro: Tim Barrow, Annie Dibble, Marita Faaberg, Margaret Ford, Mary Heneghan, Eric Masterton, Rachel Moffitt, Jet Mort; Pat Murphy, Paul O'Connor, Minna Stenroos, Claire Trueman, David Tuffield.

Composición y diseño: Paul O'Connor   www.judodesign.com
En la cubierta: "Arco iris en Sikkim" cortesía de Andries Pelser.

## Colección "La sabiduría del corazón"
### por Ringu Tulku Rimpoché

**Ngöndro**
*Prácticas preliminares de Mahamudra*

**De la leche al yogur**
*Una receta para la vida y la muerte*

**Como sueños y nubes**
*Vacuidad e interdependencia, Mahamudra y Dzogchen*

**Gestionar las emociones**
*Dispersar las nubes*

**Viaje de la cabeza al corazón**
*Por el camino budista*

**Domar las olas embravecidas**
*Victoria sobre las Maras*

**Ser puro**
*La práctica de Vajrasattva*

**El resplandor del corazón**
*Amabilidad, compasión, bodichita*

**Encontrar desafíos**
*Firmeza ante los altibajos de la vida*

*Como estrellas, brumas y llamas de candela;
espejismos, gotas de rocío y burbujas de agua;
como sueños, relámpagos y nubes;
así, veré la amalgama de fenómenos.*

*Dedicación de méritos
Libro de oraciones de Kagyu Monlam*

# Contenido

Prefacio del editor   1

## VACUIDAD E INTERDEPENDENCIA   5
Comentarios y preguntas   22

## MAHAMUDRA & DZOGCHEN   39
Comentarios y preguntas   56

## GLOSARIO Y NOTAS   61
Agradecimientos   67
Acerca del autor   70

# Prefacio del editor

Es la base, para una verdadera apreciación de las enseñanzas budistas, una comprensión desde la propia experiencia de los términos vacuidad e interdependencia, aspectos filosóficos clave del budismo. De ese modo, esperamos que el texto que presentamos aquí ofrezca algo de comprensión tanto para nuevos estudiantes como para practicantes más experimentados de este tipo de enseñanzas. Ringu Tulku nos ofrece un ensayo breve y comprensible, en el que muestra, paso a paso, de una manera eminentemente práctica, su discurso sobre este tema central y nos expone cómo nos puede afectar a nuestras vidas. Al mismo tiempo, apunta al gran misterio que se abre ante nosotros al profundizar en la comprensión de las enseñanzas budistas a través de estas charlas.

Estas enseñanzas se combinan aquí con otras que Ringu Tulku publicó originariamente en la primera edición de la colección La Sabiduría del corazón. Incluyen Mahamudra y Dzogchen, planteamientos estos que proporcionan un camino y unos medios hábiles con los que podremos reconocer nuestra verdadera naturaleza, nuestro mundo y nuestra realidad como algo que no sea otra cosa que vacuidad e interdependencia.

Desde estas páginas, agradecemos a Ringu Tulku que nos ofrezca estas enseñanzas atemporales, con toda la sutileza y profundidad con lo que lo hace, de forma que las podamos entender y poder llevar a la práctica.

Que todos los seres sean felices, vivan en paz y aprendan a conocer la realidad tal como es.

*Mary Heneghan y Jonathan Clewley*
Para Editorial Bodhicharya

# Vacuidad e interdependencia

## EL PUNTO DE VISTA BUDISTA DE LA EXISTENCIA

La Abadía, Sutton Courtenay, Condado de Oxford
29 de abril de 2010

# ¿Qué es esto?

El concepto de vacuidad, o interdependencia, es el eje central de la filosofía budista, especialmente, del budismo Mahayana. Nos encontramos con mucho debate sobre este tema tan importante, desde distintos puntos de vista y, por lo tanto, discutido desde los planteamientos más diversos. Por poner un ejemplo, tenemos los Sutras Prajnaparamita, o Sutras de la Perfección de la Sabiduría, que tratan sobre esta materia. Podríamos debatir largo y tendido al respecto, consultando, usando la lógica y la analítica para llegar al fondo del asunto, contrastando cualquier contradicción entre la manera en que generalmente percibimos la realidad y el resultado del análisis intelectual de la existencia; pero aquí, vamos a analizar este asunto desde un punto de vista breve y conciso, de forma directa.

Se han usado muchas clases de términos para definir este concepto, pero todos ellos han tratado de englobar lo mismo. Se puede hablar de vacuidad o interdependencia o de surgimiento condicionado u originación dependiente. La gente también usa los términos "vacío" o "ausencia", pero en sánscrito todo es "shunyata". Con lo que, independientemente del término que se utilice, ya sea interdependencia o "shunyata" (traducido habitualmente como "vacuidad") todos son exactamente lo mismo. Este es un punto muy importante que hay que entender y dejar claro.

El poeta Nagarjuna dijo: "Como no hay nada que surja de forma independiente, por consiguiente, no hay nada que no sea vacuidad en la naturaleza". Esto es lo que hay que comprender. Interdependencia u originación dependiente tiene que ver con la manera de que todo fenómeno, toda "realidad" es. Tiene que ver con el punto de vista, con cada forma analítica o lógica de experimentar, de preguntarse a uno mismo sobre ello. Si miramos a nuestro alrededor, ya sea algo material, una persona, un evento, la mente, lo que sea y te preguntas: ¿Qué es esto? ¿Cómo se ha originado esto? ¿Existe esto como algo completamente independiente? O, ¿esto depende de otras cosas? Si hay algo que exista de forma totalmente independiente, entonces, al ser independiente, su existencia no debería depender de nada más.

Podemos poner un ejemplo, preguntándonos por la existencia de la maza de este cuenco tibetano[1]. La existencia de esta maza no puede ser independiente porque está hecha de muchas causas y condiciones. Para crear esta maza, tal como la observamos en este momento, se han interrelacionado múltiples causas y condiciones. Por un lado, podemos ver que la madera de la que está hecha proviene de un árbol, un árbol que a su vez creció dependiendo de muchas causas y condiciones (la tierra, el agua, la semilla, el clima, etc...). La maza se fabricó teniendo en cuenta muchos elementos (el carpintero, las herramientas, los adornos etc...). Y la maza está cambiando, quizás de forma lenta, casi de forma imperceptible, pero no seguirá siendo igual con el transcurso de los años. Si esta maza fuese actualmente "una" realidad y fuera inmutable, entonces podríamos decir que es totalmente independiente, pero podemos ver que no es una "unidad". Está compuesta de muchas partes, muchos elementos, muchas causas y condiciones. No puede ser independiente porque está conformada de muchos elementos.

Esto es exactamente lo que queremos decir con originación dependiente: cualquier cosa, ya sea algo enorme como puede ser el universo, o algo minúsculo como es la partícula de un átomo, todo existe de forma dependiente. Todo se conforma de muchos elementos, causas y condiciones, y todo cambia.

# Derecha e izquierda

Cuando se habla de vacuidad e interdependencia o origen dependiente, no solo significa: "esto es una cosa y esto es otra, y estas dos cosas son dependientes entre sí". No, no es así, es más bien algo así: "esto" no puede

---

1  Ringu Tulku señala la maza de un cuenco tibetano que se encuentra en la estancia.

existir sin "esto otro". Podemos poner un ejemplo que puede ser "derecha" e "izquierda". Izquierda y derecha dependen completamente una de la otra: si no hay derecha, no hay izquierda y cuando no hay izquierda no hay derecha. De esa forma, entendemos que todo lo que existe, todo lo que hay, cualquier objeto, cualquier pensamiento, se trata de una realidad que se construye de muchas otras realidades. Y aquí "muchas" significa que cuando todos esos condicionantes se unen, entonces, esa realidad parece estar ahí. Pero, cada una de esas realidades, cada uno de esos elementos, dependen de muchas realidades, de muchas cosas, y cada uno de esos elementos que configuran algo se componen también de otros muchos elementos. Así que si te preguntas si realmente puedes encontrar algo que sea totalmente una unidad, verás que es difícil encontrar algo que en efecto lo sea.

## ¿Uno o muchos?

Nos encontramos con que hay mucha discusión, un sinfín de preguntas, una multitud de razonamientos y una búsqueda de la lógica para intentar descubrir o entender el sentido de la naturaleza de las cosas. Algo que se pregunta con frecuencia es: ¿uno o muchos? Tú puedes mirar a tu alrededor, a lo que sea y preguntarte ¿es uno o muchos? Si es uno, entonces, tiene que ser algo totalmente indivisible, algo a lo que no le afecte nada. Y este uno tiene que ser algo que exista de forma autónoma, sin cambios, porque si cambia, otros elementos se verán afectados. Sabemos que cambiar significa que algunos elementos se van para que otros vengan, eso es lo que significa el cambio. Por consiguiente, si hay cambio, entonces, nada puede ser independiente, porque el cambio es un proceso. Si el cambio ocurre, significa que algo que estaba antes ahora no está, y algo que no estaba antes ahora está, por lo tanto, las cosas cambian.

¿Hay algo que no cambie? Esa es la gran pregunta. ¿Hay algo que sea totalmente independiente? ¿Qué sea completamente una unidad? ¿Qué no esté afectado por nada y que no cambie? Si ese supuesto estuviera ahí, entonces, podríamos decir que eso es una unidad. Pero, es difícil encontrar algo así, excepto en teoría. No podemos decir que haya algo que sea totalmente uno.

Si no se puede decir que haya algo que es totalmente uno, entonces, aunque se pueda decir que todo está compuesto por muchas cosas, porque hay muchos elementos, muchos condicionantes y muchas causas, no podrás encontrar muchos porque muchos significa que están configurados de muchos "unos". Por lo tanto, desde el punto de vista budista, el conjunto de los fenómenos ni es uno ni es muchos. No se puede encontrar la unicidad porque no se puede encontrar algo que exista de forma independiente. Y, por ese motivo, porque no se puede encontrar la unicidad independiente, no se puede encontrar una existencia no afectada por nada, consiguientemente, incluso el más minúsculo componente que permita construir cualquier cosa, tiene que ser algo. Y si es algo, entonces será algo que podrá verse afectado por algo, que podrá cambiar, que podrá dividirse. Y si es nada, entonces no será.

# Existencia mágica

Es muy difícil encontrar algo, alguna cosa. Desde el momento en que no hay nada que podría ser el componente de todo, todo existe de una forma muy mágica. Ese es el modo de comprensión budista: las cosas son interdependientes, surgen de forma dependiente. No hay nada que exista por sí mismo, aun así todo existe. Y esa forma de existir sólo puede explicarse como surgimiento dependiente, existencia dependiente. Y en esta forma de ser, de existir, como no puedes encontrar nada que exista totalmente por sí mismo, en consecuencia, decimos que su naturaleza es el vacío, la vacuidad.

# La naturaleza de las cosas es la vacuidad

La vacuidad no significa que no haya nada. Vacuidad significa que la forma en que todo es y se manifiesta interdependientemente, es la forma en que todo se manifiesta, la forma en que todo surge, pero sin ser una cosa totalmente independiente. Por lo tanto, la naturaleza de las cosas es la vacuidad. Y como esta naturaleza es la vacuidad, es posible que se manifieste de todas las formas posibles, y es posible crecer, y es posible vivir, y es posible producir. Si fuera algo totalmente independiente, con existencia propia, este crecimiento y cambio y manifestación y vida, no sería posible. Porque crecer, cambiar, vivir, todo este cambio, toda esta clase de "químicas", todas estas maravillosas manifestaciones del mundo, han de ser muy flexibles, viéndose muy afectadas por las causas y condiciones. Las cosas tienen muchas causas y condiciones, y cada causa y condición hace que todo sea muy distinto. Y puede cambiar su curso, su forma, su color y todos sus diferentes aspectos. Y eso es así porque la naturaleza de las cosas es vacuidad.

# La posibilidad de la transformación

Esta es la base de la visión budista de la realidad: la realidad de todo fenómeno, ya seas tú mismo o cualquier otra cosa. Por ello, las causas y condiciones adquieren una gran importancia. Desde el punto de vista budista, no se trata solo de una comprensión intelectual. No consiste solo en la manera intelectual de ver o entender cómo son las cosas. Hay una razón importante de ver esto (la manera en que las cosas son) y es que las personas, los seres, no quieren sufrir. No quieren dolor ni problemas. No quieren insatisfacción. Quieren estar satisfechos, sin miedo y felices. Ahora bien, incluso el dolor y los problemas y el sufrimiento tiene sus causas y condiciones, y además debido a diversas causas y condiciones hay más sufrimiento. Pero incluso este sufrimiento, no es algo inmutable. Porque es algo que ha surgido de las causas y condiciones. Es algo impermanente, algo interdependiente y que surge de forma dependiente.

Por lo tanto, si cambias algunos elementos de una situación, si cambias cierta forma de observar una situación, o si cambian ciertas causas y condiciones, entonces, toda la situación cambia. Así, existe una posibilidad de que todo se transforme. Todo puede cambiar. De ahí que entendamos que esta filosofía, de la interdependencia y de la vacuidad, proporciona el fondo filosófico de esta posibilidad de transformación.

## Vacuidad no es la nada

No estamos ante una comprensión nihilista de la vacuidad. Siempre se ha dicho que es muy importante que el concepto de vacuidad no se vea como la nada. No se ha de entender este concepto desde el punto de vista nihilista, de que nada importa porque todo es inexistente. Por el contrario, es muy importante entender las causas y condiciones de las cosas.

## Karma: causa y efecto

Cuanto más entendemos la naturaleza de la interdependencia y de la vacuidad, más comprendemos la importancia de las causas y condiciones. La importancia de cada elemento, la importancia de cada acción, la forma en que vemos las cosas, la manera en que reaccionamos, la forma en que actuamos para nosotros mismos y también para los demás. Por lo tanto, este es un aspecto de la filosofía budista muy importante de comprender, ya que sendos conceptos van unidos: la comprensión de la interdependencia y de la vacuidad han de de ir de la mano, son inseparables, de lo que llamamos y entendemos como karma o causas y condiciones. Y esto también va unido a la comprensión de la transformación. Así, la filosofía budista es estas dos cosas juntas: interdependencia/vacuidad y karma/transformación.

# Todo puede cambiar

Lo que hago, lo que pienso, como actúo, la clase de tendencias habituales que tengo; todo esto es algo que no es concreto, no es sólido, no es nada que exista por sí mismo. Incluso yo mismo, lo que yo pienso, mi personalidad, mis hábitos, la forma en que funcionan mis emociones; todos estas cosas no son concretas, no son sólidas, no existen por sí solas de forma en que no puedan cambiarse. No es eso. Todo puede cambiar porque no hay nada que no se origine de forma dependiente. Porque no todo es independiente, todo es dependiente. Si un elemento, una causa, una condición puede cambiar, todo puede cambiar. Eso incluso se aplica a nuestras emociones, por ejemplo, a cómo reaccionamos. Si yo siento una cierta emoción como puede ser la tristeza, el enfado, el miedo, o experimento cualquier tipo de situación problemática o negativa, esto también se debe a muchas causas y condiciones. Por lo tanto, si yo puedo trabajar en un elemento y cambiarlo, mi forma de experimentar la vida cambiará.

# Entender la vacuidad no es algo solo teórico

Es importante decir que la comprensión de la interdependencia y la vacuidad no es sólo teórica o intelectual. No es algo sobre lo que los filósofos e intelectuales hayan de debatir. Por mucho que escriban sus tesis o sus teorías, si nada sucede en su forma de ser, entonces es sólo teoría y no sirve al propósito de por qué estudiamos. El estudio y comprensión de la interdependencia y la vacuidad ha de servir al propósito de transformarnos a nosotros mismos, para que así la forma en que experimentamos pueda cambiar. Lo importante aquí es que a través de la comprensión y de la experiencia de cómo entiendo los fenómenos (cómo son las cosas, cómo soy yo), a través de esto se puede convertir en una forma de autotransformación al aprender lo que soy, al entender cómo son las cosas y al entender cómo experimento la realidad. Gracias a ello, a través de la transformación, puedo aprender cómo mejorar mi propia experiencia, cómo gestionar mejor mis emociones, cómo manejar mis problemas, entender las situaciones que me suceden y mis reacciones y, así, convertirme en alguien más sabio. Más sabio, en el sentido de saber cómo gestionar cualquier situación y, así puedo ser alguien más pacífico, más feliz, tener menos problemas y menos situaciones dolorosas.

# Emociones: las tres condiciones de la ira

Cuando se examina la naturaleza de las cosas, no es para comprenderlas de forma intelectual, sino para "verlas" a través de la experiencia. Cuando hablamos de "la visión" en el budismo, no hablamos sólo de una filosofía. Es más bien la forma en que reaccionamos, comprendemos y experimentamos las cosas. Por ejemplo, fijémonos en una emoción, ya que las emociones son una parte fundamental de nuestras vidas. Si soy capaz de gestionar mis emociones, entonces seré capaz de gestionar casi cualquier situación que se me presente. En el budismo, esta es la cuestión más importante: cómo gestionar nuestras emociones y por eso hablamos mucho de ello.

La ira se usa a menudo como ejemplo en las enseñanzas budistas para la comprensión y el debate, ya que de todas las emociones negativas y kleshas, la ira se considera la más destructiva. Otras emociones a veces están bien, a veces son positivas, a veces son más negativas, en otras son la razón de los problemas. Por lo tanto, es importante tratarlas, pero no como una verdadera emergencia. En cambio, la ira se entiende como una emergencia, ya que si actúas desde la ira y el odio te van a llegar graves problemas de forma inmediata, tanto para ti mismo como para los demás. Por ese motivo, con mucha frecuencia, adoptamos la ira como ejemplo en la gestión de emociones.

# La primera condición: la raíz

Para experimentar una emoción tan fuerte como la ira (o cualquier otra, ya que es solo por poner un ejemplo) hay tres razones, tres condiciones principales. La primera es aquella que denominamos la raíz: estamos confundidos, no vemos las cosas con claridad, no entendemos nuestra naturaleza humana, no comprendemos cómo son las cosas, no vemos la totalidad. No estamos iluminados, esa es una de las causas, la raíz de la emoción. Dentro nuestro está la semilla del enfado, de la ira, la semilla de nuestros kleshas. Si no existiera, la emoción no se produciría existiría, no habría semilla. Pero todos tenemos esta semilla dentro.

# La segunda condición: el objeto

La segunda condición es que pasa algo. Hay algo, un suceso, un acontecimiento, una situación que nos enfada. Puede ser que alguien haga o diga algo malo, o algo pasa que te hace enfadar y sentirte infeliz. El suceso, es el objeto de la emoción negativa. Esa es la segunda condición.

# La tercera condición: la mirada

La tercera condición es que tengas una forma equivocada de ver la situación. Te lo tomas de un modo negativo, no positivo. La forma en que ves la situación es lo que te enfada. Así que cuando se juntan las tres condiciones, te alteras, te enfadas. Te puedes volver una persona odiosa y, entonces, reaccionas de forma agresiva y dañina hacia los demás, lo que también te daña a ti mismo.

Las dos primeras condiciones, la raíz y el objeto, son muy difíciles de cambiar. A no ser que estés libre de cualquier klesha, no podrás cambiar la primera condición, la raíz estará ahí. La segunda condición también es muy difícil de cambiar porque no puedes dejar de lado todas las cosas que suceden a tu alrededor o en el mundo que te entristecen o te hacen infeliz. No puedes hacer desaparecer todas los acontecimientos problemáticos, toda la mala gente, todas las acciones negativas de los demás. No puedes deshacerte de ellas, con lo que siempre estarán ahí. Lo único que puedes cambiar es la tercera condición, la forma en que observas, tu mirada, tu reacción a lo que ves.

Este es un aspecto fundamental. Si puedo comprender que es inútil reaccionar con ira y agresividad, porque eso me hará sufrir a mí y a los demás. Si puedo comprender que no puedo o debo reaccionar así, enfadándome, que tengo que reaccionar de otra manera, que tengo que actuar con más paciencia, con más comprensión, con más sabiduría, de modo que yo sufra menos y además cree menos problemas para todos. Cuando esa comprensión se hace real, entonces esa emoción no surge de esa manera.

# Cambiando los fenómenos

De este modo, veo que las cosas son muy interdependientes y entiendo que surgen de forma dependiente. Su naturaleza es vacuidad. Yo no soy una cosa, yo soy también una serie de fenómenos cambiantes. No soy algo independiente. Soy algo que surge de forma dependiente. Estoy transformándome continuamente. No hay un solo momento en que no esté cambiando. Todas mis experiencias, mis pensamientos y mis emociones surgen de todo este cambio. En este momento, otro pensamiento y otra emoción surgen. Continuamente, aparecen nuevas emociones y surgen nuevos pensamientos. Es así. En este justo momento una emoción surge y al siguiente instante se ha ido y aparece otra nueva emoción. Cuando entendemos esta forma de ser, la forma en que las emociones surgen, la manera en que todo surge de forma dependiente, veo que no hay nada muy concreto o real. Yo también soy un fenómeno que cambia continuamente. No soy solo una cosa. Estoy cambiando todo el tiempo.

# Vemos la impermanencia como algo remoto

Ésta es también una parte muy importante de la comprensión de la vacuidad: la impermanencia. Todo el mundo sabe que las cosas cambian, que nada es permanente, pero no somos conscientes de cuánto cambian. Decimos que las cosas cambian. Pero, ¿cuánto cambian? ¿Cambian una vez al año? ¿O cambian una vez al día?, ¿O cambian cada minuto, o cada segundo, o más? Solemos pensar que los cambios suceden en este momento: ahora/cambia, ahora/no cambia. Pero si miramos en profundidad, ¿cuándo es el momento en que las cosas no cambian? ¿Cuándo es el momento en que el tiempo no cambia, las estaciones no cambian, yo no cambio? Si no puedes encontrar un momento en el que las cosas no cambien, ¿cuándo es el momento en el que las cosas existen por sí mismas?

# Soy como un río

No hay tiempo en que las cosas existan por sí solas. No hay tiempo en el que las cosas no cambien. Por ese motivo, todo es como un proceso, es fluido, es como un río. El ejemplo que normalmente compartimos es el del "yo". Decimos "yo soy": soy una persona, soy un ser, soy una cosa, soy un individuo. Pero en realidad se puede decir que es un poco como un río. Cuando miras el río, es un río. Estaba ahí ayer. Estaba ahí anteayer. Estaba ahí el año pasado. Ha estado ahí durante miles de años. Pero, ¿es el mismo río? Fluye en la misma dirección. Parece que sea la misma agua, pero el agua que fluye ahora ya no está ahí, es otra agua diferente. El agua de ayer, o incluso el agua de hace un instante, no es la misma agua que la del siguiente momento.

Del mismo modo, yo estoy cambiando todo el tiempo. Y, sin embargo, en realidad no es que yo esté cambiando constantemente, sino que todo está cambiando en todo momento. Y, por lo tanto, ¿dónde está el "yo" en todo esto? Cuando comprendemos que todo es así, transformación continua, entonces, ¿a qué nos podemos sujetar? No hay nada a lo que realmente podamos aferrarnos. No hay nada que nos sostenga. Así que cada pensamiento, cada emoción, cada reacción, cada experiencia, cada cosa que pasa, tenemos que dejar que pase, tenemos que dejarlo ir.

## No hay que luchar

Entonces, ¿para qué sirve el miedo? No hay nada que temer, porque todo está cambiando tanto, siempre está fluyendo. No hay nada a lo que puedas aferrarte porque no es posible aferrarse a nada, todo es un cambio constante. No hay nada que puedas proteger, o controlar. No hay nada que puedas asegurar. Pero, como no hay nada que puedas asegurar, tampoco hay nada que puedas destruir, porque, de todos modos, siempre todo está cambiando. Cuando siempre está cambiando todo, ¿qué hay que destruir?

No hay nada que proteger porque no hay nada que luchar. No hay nada que destruir en mí porque todo lo que hay en mí es un fenómeno que cambia constantemente: mi cuerpo es un fenómeno que cambia constantemente, mi mente es un fenómeno que cambia constantemente. No hay nada que esté aquí de forma independiente. Así que, cuando uno comprende que eso es así, ¿qué es lo que me da tanto miedo? No hay nada que pueda asegurarse totalmente, pero no hay nada que pueda destruirse porque no hay nada que pueda asegurarse. Cuanto más comprendo esto, más comprendo el sentido de anatman, el "desapego". No es un concepto de negarme a mí mismo, de decir "no estoy aquí". El desapego no es eso. Cuanto más profundamente comprendemos, más comprendemos que el desapego es saber que lo que experimento es algo fugaz. No hay nada que pueda protegerlo, pero no hay nada que pueda ser totalmente destruido, porque es un fluir, es un proceso.

Este momento de experiencia... este momento... este momento... es la realidad. En el momento en que lo entiendo, no hay que cargar más con el pasado. No hay necesidad de temer por el futuro. El momento presente es lo único que importa, es el momento en que puedes estar presente, en el que puedes disfrutar de la belleza del aquí y ahora. Porque puedes estar vivo al cien por cien en este preciso momento. Puedes estar tranquilo sobre este momento y comprender que no hay necesidad de oponer resistencia. Luchar no sirve de nada porque no hay nada por lo que luchar. La lucha no funciona.

## Calma mental

Cuando se integra este entendimiento, entonces llega la calma mental de forma natural, porque en ese momento entiendes lo que eres. Entiendes que tienes que gestionar tus pensamientos, tus emociones y tus tendencias habituales, porque ves la forma en que hemos estado trabajando y reaccionando todo el tiempo y ha sido una lucha intensa. Se ha generado una tensión enorme por la resistencia de querer siempre nadar contracorriente, de querer agarrarte a lo imposible de aferrarse, de querer proteger cosas que son imposible de asegurar, de tener miedo de cosas que no hay que temer. Cuando lo comprendemos, podemos relajarnos completamente. Y eso es un enorme alivio, una inmensa paz, que llamamos estabilidad. Y, en algunas ocasiones, lo podemos llamar realización interior. Porque a través de esa realización, cuanto más comprendamos el significado de vacuidad e interdependencia (llámalo también desapego), más sabrás tratar tus problemas y tus tendencias habituales.

# Paramita: trascendiendo las tendencias habituales

Este es el mensaje principal de Buda, la enseñanza central de esta práctica o filosofía. En realidad, todo en el budismo nos dirige de alguna forma a esta comprensión. Cada práctica, cada paso, cada enseñanza, cada aprendizaje, todo esto nos lleva a lo que llamamos sabiduría. Entonces, cualquier cosa que hagamos con esa comprensión o experiencia, con esa actitud, cualquier trabajo que hagamos, cada entrenamiento, todo eso se convierte en lo que llamamos paramita. Se convierte en un forma de trascender totalmente nuestras tendencias habituales, y llegar a la iluminación.

Si cambiamos un poco nuestras tendencias habituales, o nuestras rutinas de trabajo, un poquito, con la sabiduría que proviene de la comprensión de la vacuidad, se convierte en paramita. Por ejemplo, si somos más generosos, trabajando desde la bondad, intentando vivir bajo un código de buena conducta, o tratando de vivir de manera positiva (ayudando a otros seres, meditando y practicando). Este entrenamiento tiene un gran impacto, porque lo importante es cómo hacemos las cosas y cómo reaccionamos ante ellas.

No es que se comprenda la vacuidad y que a partir de ahí no haya más problemas y todo sea perfecto. No es así. La vacuidad y la interdependencia significan que el karma es importante. Mis acciones son importantes. Mi reacción es importante ya que todo es interdependiente. Todo lo que yo haga tiene su efecto: un efecto en sí mismo y un efecto en los demás. No es que no haya efecto porque todo es vacuidad.

Por lo tanto, la comprensión que vacuidad y karma van unidas, como ya se ha dicho anteriormente, es muy importante, porque entender el sentido de vacuidad nos hace ser más conscientes de los efectos que producen nuestras acciones, no a la inversa. Cuanto más comprendamos la vacuidad y la naturaleza interdependiente de las cosas, más conscientes seremos de ello, más atención pondremos en ello y en el efecto de nuestras acciones y reacciones. En consecuencia, seremos más positivos. Estas son las enseñanzas de los Prajnaparamita Sutras.

En realidad, me habían pedido avanzar en los Prajnaparamita Sutras, en el Sutra del Corazón. Pero dije que era un tema complicado y demasiado largo para comentarlo en una tarde. Dije que discutiéramos algo, lo que se me ocurriera, y luego incluir vuestras consultas, así debatir por las dos partes. No me refería a hablar demasiado, sino a dar un punto en el que basar nuestro debate, y luego dejarlo abierto a la participación de todos. Así que podéis hacer preguntas o decir lo que queráis. El debate está abierto.

# Comentarios y preguntas

## Mente iluminada

*Estudiante:* ¿Puedo deducir de lo que ha dicho que la "mente iluminada" es independiente?

*Rimpoché:* ¿Qué es la "mente iluminada"?

*Estudiante:* Sí, ¡es una buena pregunta!

*Rimpoché:* Cuando dices que la mente iluminada es independiente o dependiente, lo que sea, hay que entender que no hay nada llamado "mente iluminada" como tal. Te puedes preguntar ¿qué es la mente? ¿Mente, qué es eso? ¿Dependiente o independiente? Pero no puedes decir que la mente iluminada sea dependiente o independiente porque es la percepción. No se trata de una cosa sino de una percepción.

*Estudiante:* Quizás no he usado el término correcto, ¿qué tal sería naturaleza iluminada?

*Rimpoché:* No hay nada que podamos denominar "naturaleza iluminada". En mi opinión es algo así: las cosas son como son. Si quieres lo puedes llamar interdependencia o vacuidad, es solo una forma de describirlo. Pero es una descripción: las palabras son solo símbolos. No hay un significado concreto en las palabras mismas, porque se puede llamar vacuidad a todo. Hasta hay gente que se llama "Shunyata". Las palabras en sí mismas no tienen significado, pero su comprensión es que la forma en que la naturaleza se representa, es la forma en que la naturaleza es.

Ahora bien, ¿qué es una mente iluminada o no iluminada? Cuando puedes experimentar, entender y vivir de forma consciente con la realidad de las cosas, eso es una mente iluminada. En cambio, cuando estás engañado, cuando no comprendes las cosas, cuando te sientes confundido, esa es la mente no iluminada. Aquí no hay nada llamado mente iluminada. La mente es la misma, iluminada o no iluminada. La forma en que soy es la forma en que soy, pero puedo estar muy confundido o no estarlo.

# Inmutabilidad

*Estudiante:* Creo que se puede tener una impresión equivocada de los textos que usan este lenguaje sobre el reconocimiento de la naturaleza de la mente como inmutable, por ejemplo. Nos pueden llevar a una falsa interpretación de que una vez que uno se haya despojado de todas las emociones negativas puede llegar a algo así como "puro" e "inmutable".

*Rimpoché:* Es así: cuando dices que las cosas son interdependientes y, por lo tanto, no hay nada que exista independientemente, y que la naturaleza de las cosas es la vacuidad, eso significa que todo está por venir y por llegar. Esto es otra cosa que está en los Prajnaparamita Sutras, dice: no nacido e incesante. Ahora bien, cuando se dice que todo está inengendrado e incesante, ¿qué significa esto? Significa que, como no hay nada que exista por sí mismo, ¿qué es lo que nace? Nada puede nacer, porque no existe por sí mismo. Es como una ilusión, es como una especie de espejismo. No puedes decir cuando nace el espejismo porque el espejismo no está ahí. Por tanto, también es incesante, porque no hay nada que morir. Como dijo Milarepa en su famoso e importante poema:

*Yo temía la muerte*
*y huí a las montañas.*
*Allí medité sobre la incertidumbre de la muerte,*
*y medité mucho sobre la incertidumbre de la muerte,*
*y encontré la inmortalidad.*
*Si ahora me llegase la muerte,*
*no tengo temor.*

Hay dos aspectos: con el fin de encontrar la inmortalidad, tenía que no asegurarse a sí mismo, sino meditar sobre la incertidumbre de la muerte. Cuando comprendes y aceptas la inminencia de la muerte, ves que puede llegar en cualquier momento, siempre está ahí y todo cambiará para siempre. Descubres que no hay nada llamado "muerte" porque no hay nada llamado "existencia", nada existe como algo independiente. Cuando lo entiendes no es algo así como creer "ahora soy un ser impermanente y estoy cambiando en todo momento". No, no es así. Cuando comprendes la impermanencia en profundidad, con claridad, entonces en realidad entiendes que no hay nada llamado impermanencia porque es simplemente la existencia. En cierto modo, no hay nada que muera y no hay nada llamado muerte. La experiencia que obtienes comprendiendo ese punto de vista es la "inmortalidad".

A veces puede explicarse o experimentarse como "inmutabilidad". Todavía está cambiando pero no hay nada llamado "cambio". Por eso es inmutable, porque no hay nacimiento, ni muerte, ni surgimiento, ni cesación. De hecho, no hay nada que nazca y allí no hay nada que muera. Por lo tanto, no hay nada que cambiar. Así que existen estas dos cosas: la "naturaleza inmutable" y la "transformación continua". Los diferentes filósofos y grandes maestros que han tenido diferentes experiencias, han expresado esto de diferentes maneras. A veces se expresa como "vacuidad" y otras veces como "inmutabilidad". Pero viene a ser lo mismo. Se quiere decir exactamente lo mismo, la misma experiencia, pero usando distintas palabras.

# Uniendo la sabiduría con la compasión

*Estudiante:* Las enseñanzas parecen enfatizar el intento de comprender la vacuidad y al mismo tiempo intentar practicar la compasión y unir estas dos cosas. ¿Puedes explicar eso un poco?

*Rimpoché:* Eso es exactamente. Estos dos conceptos van juntos. Tienen que unirse. Ésa es la cuestión, porque cuanto más comprendes tu naturaleza, cómo son las cosas, más comprendes que no hay nada a lo que aferrarse. 'Yo' y 'otros' no son dos cosas separadas. Cuanto menos egoísta o egocéntrico te vuelves, más compasivo te vuelves, ¿no? Porque la compasión aquí es que tu corazón esté abierto. Cuanto menos tengas que hacer algo pensando sólo en ti mismo, entenderás que en realidad no hay nada que hacer por ti mismo. Sólo tienes compasión. Además, cuanto más comprendes que existe la posibilidad de transformar y cambiar tu forma de experimentar, más profundamente llega la compasión y más optimista eres. Puedes transformar este doloroso y combativo estado mental samsárico, que siempre está huyendo o corriendo detrás de las cosas. Entiendes que todo el mundo puede y debe liberarse de este sufrimiento que ocurre inútilmente.

A veces nuestra compasión consiste en mirar el sufrimiento y luego sentirnos mal por ello. Ese es el primer tipo de compasión que la gente entiende, se piensa en personas que tienen problemas y dolor, y luego nos sentimos mal por eso. Ese es un nivel de compasión. El segundo nivel de compasión, que tiene mucho que ver con la forma de pensar budista, es querer liberar a los seres del sufrimiento. La forma budista de entender la compasión consiste en desear realmente, desear y tratar de hacer algo para liberarse del sufrimiento. Ese es el segundo nivel.

Pero luego, el siguiente nivel de compasión es que realmente veas que existe la posibilidad de que esto ocurra. De que existe una posibilidad de transformarse, una posibilidad de cambiar, en tí mismo y también en los demás. Cuando eso sucede, ese tipo de compasión se vuelve mucho más práctica, mucho más fuerte y mucho más clara. Eso sólo puede llegar si tienes la sabiduría, la comprensión de la naturaleza de las cosas, ya sea que llames a esta sabiduría comprensión de la vacuidad o como la llames: interdependencia, vacuidad, la naturaleza de la mente o lo que sea. Cuando esa experiencia se vuelve más clara, entonces la compasión se vuelve más experiencial. Ya no es sólo: "quiero ser compasivo", sino que el nivel de compasión se vuelve más natural.

Ésta es la conexión entre la sabiduría y la compasión. Desde el punto de vista budista, cuanta más sabiduría se tenga (lo que llamamos sabiduría, que es la comprensión de la naturaleza de las cosas), más normal y experiencial se vuelve la compasión. Y cuanto más compasión real experimentes, en realidad te conducirá a más sabiduría. Esto se debe a que la compasión te saca de tu antigua forma de experimentar, no de manera conceptual sino experiencial. Cuanto más tengas la experiencia de no aferrarte a ti mismo, de no aferrarte a lo tuyo, más claramente te llegará la sabiduría. Ese es el entendimiento general.

## Soltar y dejar estar

*Estudiante:* Dijiste que no hay nada por qué luchar, ni nada por qué temer y, sin embargo, este "yo" es algo a lo que intentamos aferrarnos. Por lo general, lo apreciamos mucho y realmente no podemos dejarlo de lado. ¿Puedes decirnos algo sobre cómo aflojar gradualmente este apego?

*Rimpoché:* Esa es la parte difícil. Por eso no basta con tener esta comprensión sólo a nivel intelectual. Necesitamos llevarlo al nivel experiencial. Por eso decimos que el viaje más difícil y más largo es el de la cabeza al corazón. Por lo tanto, creo que no vale la pena esperar que las cosas cambien demasiado rápido. No es fácil cambiar nuestros hábitos y tendencias habituales así como así. Mientras tengamos esta forma samsárica de reaccionar, tendremos esta experiencia. Por lo tanto, debemos tratar de comprender un poco y luego utilizar un poco esta comprensión momento a momento.

Por eso es importante la atención plena. A medida que surge una experiencia, ya sea una fuerte emoción negativa, una fuerte aversión o un fuerte apego; en ese momento necesitamos tomar conciencia de ello. Necesitamos ver que esta forma de reaccionar no me está aportando nada bueno. Si reacciono así y sigo reaccionando así, no me dará ninguna felicidad ni será bueno para nadie más. No ayuda. No funciona. No resolveré ningún problema si reacciono así. En cambio, necesito dejar ser.

Por lo tanto, tengo que aprender a dejar que mi mente se relaje y desviar mi atención de esta fuerte reacción negativa y dejar que entre otra cosa. Esto es muy importante. Si realmente supiera profundamente que cada momento, cada emoción o cada reacción que surge en mí, surge y luego se disuelve y surge y se disuelve, entonces también podría ser un poco más claro de que esto también es algo que está surgiendo. Esta es una emoción que surge. Al momento siguiente, puede surgir otra emoción. Al momento siguiente, otra. No se trata tanto de lo que ocurre a mi alrededor, sino más bien de cómo reacciono ante ello.

En cualquier momento pueden ocurrir muchas cosas en tu vida o a tu alrededor. Puede que te suceda algo realmente muy malo, algo difícil, pero, al mismo tiempo, también puede suceder algo muy bueno, algo agradable. Y muchas otras cosas más. Pero nuestra mente está acostumbrada a aferrarse sólo a las cosas difíciles: "Hay un problema. Tengo un problema. A menos que pueda deshacerme de este problema, no puedo pensar en nada más. No puedo hacer nada más". Ésa es nuestra costumbre. Nos guste o no, así somos. Y luego pensamos: "Si se resuelve este problema, entonces podré relajarme. Sólo entonces podré relajarme, no antes". Este problema podría resolverse o no. A veces se resuelve, a veces no. Pero sin duda surgen otros problemas. Así que, incluso si se soluciona o desaparece un poco, viene otro problema y me aferro a este. Cuando desaparece, llega otro y me aferro a aquel. Entonces, ¿en qué momento de la vida tienes tiempo para relajarte? No hay tiempo para relajarse. Y cada vez es más así.

Es necesario, es muy importante –es un "deber"- que aprendamos a no aferrarnos sólo a una cosa, sino también a dejar que entren otras cosas. Eso no significa que niegue totalmente un problema. No tengo que decir: "Este problema no existe, sólo pasan cosas buenas". Este no es el caso. Tengo que hacer todo lo que pueda para solucionar este problema; eso está bien. Pero no tengo que centrarme totalmente en eso y nada más. Si puedo resolver este problema, haciendo cualquier cosa, tengo que hacerlo. Si no puedo hacer nada, entonces no hay nada que pueda hacer. No sirve de nada hacer nada: sólo tengo que dejarlo estar. Eso no significa que no pueda pensar, sentir y enfocar mi mente en otras cosas. Porque lo que siento depende de dónde enfoco mi mente. Si mi mente está enfocada en algo bonito, positivo y bueno, ya me siento bien. Si mi mente está enfocada en algo difícil y problemático, mi mente ya está triste e infeliz. En cierto modo, es muy fácil hacerte más feliz porque sólo tienes que concentrarte en algo más agradable y al momento cambiará.

Ésa es la práctica, la práctica de aprender a flexibilizar la mente. Eso es meditación. La meditación no es más que entrenar nuestra mente para que sea más flexible, de modo que no sólo estemos atrapados en nuestra tendencia habitual de experimentar y concentrarnos en los problemas, sino que podamos dejar que nuestra mente permanezca donde queramos centrarla. Si quiero centrar mi mente en mi respiración, permanece ahí. Si quiero centrarme en algo como la compasión o la bondad, mi mente permanece ahí. ¿Solo en esa flor?, permanece allí. Ese es el entrenamiento. Esa es la práctica. Aprendemos, nos ejercitamos, para que nuestra mente no sólo se centre en situaciones problemáticas habituales sino también en otras cosas. Y por ahí es donde hay que empezar.

# Sueños

*Estudiante:* ¿Qué pasa con los sueños? ¿Este entrenamiento se extiende también a lo que sucede cuando estás dormido?

*Rimpoché:* La literatura budista dice que los sueños pueden ser de cuatro tipos. Un tipo de sueño está relacionado con tus tendencias habituales: lo que sueles hacer durante el día o las cosas que influyen en tu mente en la vida, que te vienen a la mente y luego sueñas con ellas. Éste es una clase de sueño. Se dice que otro tipo de sueño se debe a los humores (el equilibrio de los humores en tu cuerpo y si tu salud mejora o disminuye), que pueden influir en diferentes cosas que aparecen en los sueños. A veces se tienen sueños muy extraños. No provienen necesariamente de la experiencia de tu vida, sino de algo diferente. Son sueños que proceden de tus humores, y están más relacionados con tu salud.

Luego están los sueños debidos a la forma en que tu mente viaja a través de tus canales, cómo tu mente está en tus diferentes canales y diferentes sistemas, como el sistema nervioso. Por eso puedes soñar que ves colores y cosas y lugares totalmente diferentes que nunca antes habías visto. Este es otro tipo de sueño. Y se dice que el cuarto tipo de sueño es más intuitivo. Porque la naturaleza de la mente es la claridad (hay una claridad que es la naturaleza de la mente) y debido a esto tiene la capacidad de experimentar y ver el pasado, el presente y el futuro. Puede ver cosas futuras, por lo que puede haber sueños intuitivos en los que ves tu futuro, como predicciones. Estos son los cuatro tipos de sueños que puedes tener.

Sin embargo, en su mayoría, los sueños son más bien una prueba de cómo reaccionarías. Debido a que los sueños están en un nivel de conciencia más profundo que nuestro nivel de conciencia de vigilia, un poquito más profundo que eso, es un tipo más profundo de tendencia habitual. Se dice que la forma en que reaccionas en el sueño es una indicación de cómo podrías reaccionar cuando estés en el bardo, después de morir. Cómo reaccionarás en ese momento dependerá de ese nivel profundo de tu conciencia. Por lo tanto, la forma en que reaccionas en el sueño puede ser muy significativa porque esa podría ser la forma en que reaccionarás después de la muerte. Si en el sueño estás reaccionando de forma muy positiva, muy fuerte, agradable y positivamente, eso significa que lo estás haciendo bien. Se ve como una prueba de cuán profunda es tu práctica y cosas así.

Esa es la manera general de ver los sueños desde el punto de vista budista. Si puedes meditar durante el sueño, si puedes practicar en el sueño, si puedes cambiar tus reacciones en el nivel del sueño; eso significa que lo estás haciendo muy bien. Esa es una práctica muy sólida.

*Estudiante:* Estaba pensando que tal vez desees ser muy compasivo en tu vida de vigilia, pero tu vida onírica puede ser muy erráticamente compasiva o incluso cruel.

*Rimpoché:* Sí, es por eso, porque está debajo, está en un nivel más profundo.

# Ir a dormir

*Estudiante:* Recientemente he notado momentos, justo antes de quedarte dormido y a veces justo cuando te despiertas; es como si te estuvieras quedando dormido y luego te despiertas de nuevo y tu percepción es totalmente diferente. A veces puede dar un poco de miedo (estoy seguro de que mucha gente experimenta esto), es difícil expresarlo con palabras. Me preguntaba si es posible que haya aquí una pequeña percepción de la impermanencia. Porque muy a menudo hay una sensación de muerte, tal vez como decías antes, ¿siempre te estás muriendo?

*Rimpoché:* No, cuando dije eso, me refería a algo diferente. Cuando comprendes la naturaleza totalmente impermanente de las cosas de manera muy clara y profunda, no necesariamente tienes que sentirte inseguro. Te sientes inseguro cuando esperas estar seguro. Creo que este tipo de cosas de las que estás hablando pueden deberse a muchas razones diferentes. Pero el miedo siempre está ahí. Todo el mundo tiene mucho miedo y todo el mundo tiene también muchos traumas a distintos niveles. A veces tenemos eso a la hora de dormir, cuando pueden haber experiencias de muchos niveles diferentes.

No puedo decir exactamente lo que ocurre aquí, pero la enseñanza y la práctica consisten en tratar de concentrar tu mente tanto como sea posible en algo positivo cuando te vas a dormir. Puedes visualizar seres iluminados, sentir las bendiciones y el estado mental transformado tanto como sea posible. Luego visualiza la luz que irradia tu corazón e intenta dormirte de esa manera positiva. Se dice que ésta es una manera de conciliar el sueño sin la interrupción de las tendencias habituales. Así se rompe ese hábito. Pero estas experiencias pueden provenir de muchas cosas diferentes.

# Ser como un río

*Estudiante:* Con respecto a nuestra individualidad y con el río que fluye en constante cambio, me preguntaba cómo parece que tengo una continuidad de conciencia a través de la memoria desde que era un bebé. De manera similar, aunque el Támesis, por ejemplo, cambia constantemente, no es lo mismo que el Nilo, el Éufrates o el Ganges. ¿Puede decirnos algo al respecto? ¿Tiene que ver únicamente con el lugar? ¿O hay algo más esencial que tiene que ver con algo que nunca nace y, por lo tanto, nunca puede morir?

*Rimpoché:* Sí, en cierto modo es parecido. Yo, mi mente, mi experiencia (cada momento de mi experiencia), da origen al siguiente momento de mi experiencia. Y el siguiente momento de mi experiencia da origen al segundo momento de mi experiencia. Ésa es la base de la continuación y la base del renacimiento; la base de un continuo. La comprensión desde el punto de vista budista es que este momento de mi conciencia no es exactamente el siguiente momento de mi conciencia, pero sin este momento de conciencia, el siguiente momento de conciencia no puede suceder. De esa manera, cada momento de conciencia tiene lugar. Esta vida y la siguiente ocurren de la misma manera. Ésta es la forma en que se produce el cambio, lo continuo surge. No es algo totalmente diferente. Y no es algo totalmente continuo.

Por eso está el ejemplo, en el Abhidharmakosha, de la leche que se convierte en yogur. La leche no es yogur y el yogur no es leche. Pero sin leche no habría yogur. Cuando es leche, no es yogur. Cuando es yogur, no es leche. Cuando la leche se convierte en yogur, ya no hay leche. ¿A dónde se fue la leche? No se fue a ninguna parte. En cierto modo, el yogur es lo mismo. Pero no es lo mismo. Esta es la comprensión de la impermanencia. Esta es la comprensión de la transformación. Ésta es la comprensión de la continuidad. Así, tu mente cuando eras niño no es la misma que es ahora, pero sin ella tu mente no estaría aquí ahora. No sólo tu mente, sino el todo. De la misma manera, según la forma budista de verlo, tu vida pasada y tu vida futura tampoco son lo mismo, pero al mismo tiempo no son totalmente diferentes.

## Permaneciendo receptivos

*Estudiante:* ¿Puedo hacer una pregunta sobre la dificultad de permanecer receptivo? Parece que me despisto muy rápido y me es muy fácil perderme en mis pensamientos e incorporar las tendencias habituales a mi práctica de meditación. Me gustaría mantenerme más abierto, receptivo y fresco.

*Rimpoché:* Sí, es muy difícil. Nunca nadie dijo que fuera fácil, porque no lo es. Pero no es imposible. De eso se trata, tenemos tantas tendencias habituales a actuar o reaccionar como lo hacemos. Ya he hablado de la forma en que nuestra mente se concentra en los problemas. Hay tantas cosas que suceden en nuestro día, sin embargo, es posible que si lo elegimos, si realmente desarrollamos el hábito, podríamos enfocar nuestra mente en algo más positivo y sentirnos bien, casi en cualquier momento. Pero no es fácil debido a nuestras tendencias habituales. Por eso es necesario el entrenamiento. Por eso es necesaria la práctica. Y la práctica consiste en esto. No estamos acostumbrados a reaccionar de una determinada manera. No estamos acostumbrados a abrirnos a según qué, a ser receptivos a todas estas cosas positivas. Necesitamos hacer un esfuerzo consciente, pero de forma relajada, de forma natural, sin castigarnos por ello. Esos son los denominados medios hábiles. Esa es la meditación. Básicamente, tenemos que cambiar estas tendencias habituales.

No podemos decir simplemente: '¡Hazlo! Si no, te daré una paliza'. Eso no funciona. Tenemos que hacerlo de una determinada manera: dándole un poco de relajación, soltando cuerda, ofreciendo buenos incentivos, ánimo y aliento para luego, persistentemente, con atención plena, consciencia, paso a paso, poco a poco, muy lentamente, desarrollar este hábito o habilidad. Eso es lo que llamamos práctica. Si se pudiera hacer todo así, como si nada, no habría necesidad de practicar. Como no lo podemos hacer, por eso es necesaria la práctica. Desde el punto de vista budista, todo el enfoque se entiende como un entrenamiento. Todo es visto como un entrenamiento, de cómo entrenar nuestra mente, para transformarnos. En realidad, el budismo no es un sistema de creencias. No es una cultura. No es una tradición. Es sólo un sistema de entrenamiento sobre cómo entrenar nuestra mente para experimentar la vida de una manera que sea más positiva y mejor para nosotros.

# Responsabilidad

*Estudiante:* Rimpoché, me ha resultado muy útil la forma en que describe las numerosas causas y condiciones. Me he dado cuenta de que una de las cosas en las que me quedo atrapado es el sentimiento de responsabilidad. Por supuesto, me doy cuenta que no soy responsable, pero siento una carga como si fuera responsable y tuviera que hacer algo. Cuando te oí hablar de las muchas causas y condiciones, me ayudó a situarme en un enorme contexto en el que yo soy una parte diminuta, lo que en cierto modo es liberador. Si además, le sumo a eso el conocimiento de que puedo marcar la diferencia, aunque sea de forma muy pequeña, me ayuda a sentir que no tengo que esforzarme mucho para ayudar a alguien. Podría hacer algo muy pequeño y tener un efecto significativo.

Alguien me dijo una vez, y no sé si es verdad, que cuando una nave espacial de la NASA va a la Luna, el 97% de las veces no da en el blanco. Llega allí porque se está corrigiendo continuamente. Hay algo en eso en que parece más fácil llevarlo a la práctica.

Me preguntaba ¿qué piensa sobre ese sentimiento de responsabilidad?

*Rimpoché:* Creo que aquí tenemos dos temas. Creo que somos responsables de nosotros mismos. Cómo reacciono y cómo experimento tiene mucho que ver conmigo mismo. Por supuesto que hay muchos factores. Tengo hábitos y costumbres muy enraizados, tengo adicciones muy fuertes, tengo problemas graves y cosas así, ¿verdad? Pero, todo es parte de mí, ¿cierto? Por lo tanto, tengo la responsabilidad. Si alguien puede hacer algo por mí, soy yo. Nadie más puede hacer nada acerca de cómo yo reacciono, de cómo miro las cosas, ni de dónde está enfocada mi mente. Sólo yo puedo hacer algo al respecto. Nadie más puede hacerlo. Así que yo tengo la responsabilidad, yo soy responsable. Sin embargo, no es que yo quiera hacer algo y sucede. Por ejemplo: "No quiero centrar mi mente en cosas negativas, sólo en cosas positivas". No sucede así sin más, ¿verdad? Porque la forma en que yo soy ahora se debe a todo el pasado. No puedo cambiarlo todo así como así. Tengo que ser paciente. Pero tengo que hacerlo por mí mismo. Con lo que tengo que reconocer que tengo que ser responsable.

Lo que les pasa a los demás por mi culpa, o lo que pasa consecuencia de mis acciones, por supuesto, sucede porque yo soy un elemento más. Lo que hago tiene un efecto, pero cuánto efecto tiene, o de qué manera se desarrollará ese efecto, depende de muchos elementos. Por lo tanto, si quiero hacer algo bueno, no siempre es necesario que ocurra exactamente como deseo que suceda. Sólo puedo hacer lo mejor que pueda, nada más que eso. Y luego, me guste o no, tengo que dejarme llevar, dejarlo ser. A veces las cosas suceden mejor de lo que uno se espera. A veces, suceden peor. Y a veces suceden de manera totalmente sorprendente o inesperada. Pero, ¿qué vamos a hacer? Así es como suceden las cosas. Entonces, si espero demasiado, si tengo muchas expectativas, me acabo quemando y estresando, y pienso: "Tiene que ser así". Pero no siempre pasa como yo quiero. Entonces, lo único que pasa es que me quemo. Eso no quiere decir que no debo hacer cosas, pero sí que no debo preocuparme demasiado, porque preocuparse tampoco funciona. O por lo menos, así es cómo yo lo entiendo.

Muchas gracias a todos por vuestra atención.

# Es un placer ser un estudiante.

*Soy estudiante.*
*He sido estudiante desde que tengo memoria.*
*Y es un placer ser estudiante.*

*Es un placer aprender lo que no sé.*
*Es un placer aprender lo que ya sé.*
*Es un placer saber que estaba equivocado.*

*Es un placer aprender de los Grandes Maestros.*
*Es una alegria aprender compartiendo lo que aprendí.*
*Es una alegría aprender a ser lo que soy.*

*Busco aprender sobre el mundo que me rodea.*
*Busco aprender sobre lo que realmente soy.*
*Intento aprender a ser un ser humano como es debido.*

*Las nubes me muestran la naturaleza de mi mundo.*
*Los ríos me muestran la naturaleza de mí mismo.*
*Los bebés me enseñan a ser más humano.*

*Soy un estudiante.*
*Seré estudiante mientras viva.*
*Y es un placer ser estudiante.*

*Ringu Tulku Rimpoché*

# Mahamudra & Dzogchen

Centro Patrul Rimpoché Dzogchen, Bruselas
29 de julio de 2000

# ¿Qué es Mahamudra?

Mahamudra es la práctica principal de la escuela Kagyu del budismo tibetano. No sólo se enseña en la escuela Kagyu sino también se enseña en la escuela Nyingma. El Mahamudra es la última etapa de la culminación, la última visión y la última práctica del tantra Anuttarayoga.

En términos generales, las enseñanzas del Buda se pueden dividir en dos secciones principales:

1. El Sutrayâna, que engloba el Mahâyâna y el Hinayâna;
*y*
2. El Vajrayâna, que se basa en los Tantras.

Los tantras se clasifican a veces en seis, siete o nueve clases, pero, generalmente, se consideran cuatro clases de tantra, a saber, Kriya, Charya, Yoga y Anuttarayoga. Este último es el tipo más profundo y elevado de tantra. A veces, los tantras también se presentan en cuatro "mudras", en cuyo caso el "Mahamudra" es la culminación.

Es importante recordar que, Mahamudra no tiene que ver sólo con Kagyu, sino que está relacionado con la visión más elevada, la experiencia, las vías y los medios para experimentar la verdadera naturaleza de nosotros mismos.

Como todos sabemos, el budismo es principalmente una forma de resolver el problema del sufrimiento de los seres, se busca encontrar una salida a este sufrimiento de una manera más definitiva. Desde el punto de vista budista, la causa básica o fuente del sufrimiento de los seres humanos es la ignorancia. De esta ignorancia surgen la aversión y el apego. Por lo tanto, la ignorancia, el apego y la aversión son las tres causas principales del sufrimiento de los seres y del estado mental samsárico.

La aversión y el apego son formas de reaccionar a un nivel sutil. Clasificamos todo lo que vemos como bueno/agradable o malo/

desagradable y, en consecuencia, reaccionamos. Corremos detrás de lo que consideramos bueno y huimos de lo que consideramos malo. En cierto modo podemos llamar a este proceso "miedo". El apego y la aversión se consideran dos caras de la misma moneda. Mientras reaccionemos de esta manera, no podremos conseguir paz, calma y relajación totales, ni por supuesto, alegría y felicidad.

¿De dónde proceden la aversión y el apego? Provienen de la ignorancia, y de lo que la terminología budista define como "ignorancia", que se entiende en verme a "mí mismo" como una entidad independiente, separada de todo lo demás. Me pongo a "mi mismo" de un lado y todo lo demás del otro. Es el "yo" versus "los demás". Cuando adoptamos esta actitud tan básica, todas las experiencias que vivenciamos a través de nuestros cinco sentidos se clasifican inmediatamente como algo "a favor" o "en contra" de mí, y esto da lugar al apego y la aversión. Este sentido de una identidad separada es el problema básico de los seres. Este verse a uno mismo como una entidad separada es lo que llamamos "ignorancia co-emergente".

Por consiguiente, lo que realmente nos liberará de estas reacciones compulsivas que llamamos "estado mental samsárico", es experimentar de forma clara, inequívoca y directa cómo somos realmente, la verdadera naturaleza de nosotros mismos y de todas las cosas. Ese es, básicamente, el objetivo de todas las prácticas budistas y de la meditación.

Todo el camino budista consiste en una búsqueda interior (o investigación) para descubrir nuestra verdadera naturaleza. Tenemos que descubrirla de forma global, no sólo a nivel intelectual. Lo que a veces llamamos "eso", la "naturaleza de la mente" o la "sabiduría trascendental", no es otra cosa que la forma en que realmente son las cosas. Todo el mundo debería tener claro que la práctica del Dharma no debe basarse en ninguna creencia ni ningún dogma. Se trata de una honesta búsqueda interior para descubrir a través de nuestra propia experiencia cómo somos realmente. Esa es la idea central de la práctica del Mahamudra.

Hay muchas enseñanzas diferentes sobre cómo conseguirlo. En cierto modo, cualquier enseñanza es una forma u otra de trabajar la naturaleza de la mente. Todo conduce a eso o habla directamente de ello. Todas las enseñanzas convergen hacia ese punto, porque eso es lo que realmente nos libera. Mientras no eliminemos la ignorancia, mientras estemos equivocados acerca de quiénes somos, permaneceremos en el estado mental samsárico y nuestro sufrimiento no tendrá fin. Por supuesto que viviremos momentos de felicidad, seguro que habrá buenos momentos, pero mientras no hayamos cortado de raíz el sufrimiento, éste siempre estará ahí presente.

## Base, camino y fruto

A veces también se le llama "Visión", porque es una comprensión, consiste en "ver" de una manera experiencial. Pero no es sólo una "visión", es también un camino y un fruto.

Padmasambhava (o Guru Rimpoché) dijo que la base es 'Uma', la Madhyamika; el camino es el 'cha dja chenpo', el Mahamudra; y el fruto es 'Dzogpa Chenpo'. La Madhyamika es la principal filosofía budista que subyace al Mahayâna y al Vajrayâna. Se basa en los Sutras, principalmente en los Sutras Prajnâpâramitâ, y fue propuesta por Nâgârjuna y otros grandes maestros.

Lo llamamos la "Base", porque es ahí donde estudiamos, donde aprendemos. A la manera budista, empezamos haciéndonos preguntas sobre todo. Procedemos a un análisis. Esta es una forma muy honesta de examinar cómo vemos las cosas y cómo son en realidad, cuánta coherencia hay entre lo que nos dicen nuestras percepciones y nuestro razonamiento. Es un poco como la ciencia: seguimos haciendo preguntas, utilizamos la lógica, el razonamiento, el análisis para profundizar y ver las contradicciones entre la forma en que percibimos las cosas y el resultado de nuestro análisis intelectual. Esto nos lleva a una comprensión más profunda y, por tanto, podemos descender a la verdadera naturaleza de las cosas. Intentamos ir tan lejos como nuestra comprensión intelectual nos pueda llevar y luego tenemos que hacer un cambio cualitativo hacia una comprensión experiencial que trascienda el intelecto.

El "Fruto" es el Dzogchen. El Dzogchen utiliza la sabiduría trascendental como camino. Solemos decir que el Vajrayâna, en su conjunto, usa el fruto como camino, pero en el caso del Dzogchen, no es sólo el resultado sino la propia sabiduría trascendental la que se usa como camino. Dzogpa Chenpo se considera la enseñanza más profunda, porque no sólo se utiliza la "mente", sino que también se usa la "rigpa". Mente significa aquí el estado mental engañoso y samsárico, mientras que rigpa es la mente clara y despierta, a veces llamada la mente de claridad luminosa o mente realizada, que está más allá del estado mental samsárico. En el Dzogchen, rigpa se utiliza como camino desde el principio. ¡Es el camino más profundo pero no el más fácil!

Y, entonces, el "Camino" es Mahamudra. Aquí, la mente engañosa se utiliza como camino. Aunque se trata básicamente de la misma experiencia que el Dzogchen, comienza con la mente engañada, con shiné y lhakthong. Si consideramos el Mahamudra como el punto culminante o visión última del Tantra Anuttarayoga, entonces no existe una diferencia real entre Mahamudra y Dzogpa Chenpo. Pero cuando lo usamos como camino, sí hay diferencia. La tradición Kagyu ha adoptado el Mahamudra como camino total, incorporando en él las enseñanzas Sutrayâna, principalmente mediante la incorporación de los Cinco Tratados de Asanga/Maitreya, y especialmente el Uttaratantra Shastra o Gyu Lama. Sin embargo, sea cual sea la tradición, el objetivo sigue siendo llegar a comprender nuestra naturaleza más fundamental.

# Mahamudra como camino en la tradición Kagyu

En el enfoque budista, no se parte desde un punto para llegar a la meta de forma lineal. Tomas lo que eres como base y, a través de diferentes formas y medios, trabajas para actualizar lo que realmente eres. Ese es el camino. Y lo que descubrimos al seguir el camino es el fruto. ¡Pero es difícil! Estamos enredados en tantos conceptos, hábitos y tendencias habituales diferentes, todos entrelazados unos con otros, por lo que es difícil descubrir qué somos realmente. Lo primero que debes hacer es intentar ser natural. Por "natural" no me refiero a nuestra forma habitual de reaccionar, sino a nuestra verdadera y prístina naturaleza. Este es un proceso de desacondicionamiento. El karma y los patrones habituales de reacción nos condicionan fuertemente y necesitamos salir lentamente de este fuerte condicionamiento, a través de la meditación. Es por eso que comenzamos con shiné, continuamos con lhakthong y luego Mahamudra.

## Los preliminares

Pero antes de todo eso, tenemos el Ngöndro, las prácticas preliminares. Estos preliminares son diferentes maneras de trabajar en nuestros diversos conceptos principales: la forma en que nos aferramos a las cosas, la forma en que las vemos como muy sólidas, muy reales, muy verdaderas. Desmantelamos progresivamente esta forma de ver, primero mediante un análisis intelectual que nos ayuda a comprender cuán interdependientes, compuestas e impermanentes son las cosas, y luego, experimentándolo. Una cosa es intelectualizar, otra experimentar realmente, y aquí es donde entran la meditación y las visualizaciones.

Generalmente, en la tradición que seguimos, hay una serie de preliminares que se requieren antes de recibir las enseñanzas del

Mahamudra. Estos preliminares están ahí para ayudarnos a trabajar determinadas experiencias y reacciones, sobre nuestra forma de ver las cosas. Pero no es absolutamente necesario hacerlo sólo de esta manera. La tradición dice que a menos que pases por estos preliminares, es posible que no recibas las enseñanzas reales, pero ahí hay un problema. Necesitamos entender lo que hacemos para que los preliminares funcionen. Si no entendemos lo que estamos haciendo, si no conectamos, ¡no funcionará! Si lo haces sólo porque te han dicho que debes hacerlo, de forma mecánica, formal y sin entender por qué lo haces, es inútil, no sirve de nada. Por lo tanto, es importante recibir enseñanzas para que al menos tengas una comprensión básica de para qué sirve. Con esta comprensión, podrás conectar con la práctica.

En primer lugar, debes entender que el objetivo del Mahamudra no es ayudarte a sentirte un poco mejor, a tranquilizarte un poco. Lo que pretendes con el Mahamudra es liberarte completamente del estado mental samsárico, de la causa misma de todos tus miedos. Siempre lo llamo "miedo" porque siento que el miedo es algo muy fundamental. La aversión surge del miedo. Nos disgusta lo que podría dañarnos. El apego surge del miedo, corremos detrás de aquello de lo que creemos que no podemos prescindir pues de lo contrario podría sucedernos algo terrible.

A veces la gente piensa que el miedo es muy útil, que sin miedo no tendríamos sensación de peligro y podríamos meternos en problemas. Como siempre hemos estado en un estado mental samsárico, no sabemos cómo sería realmente vivir sin miedo. Sin embargo, los grandes maestros nos dicen que no necesitamos reaccionar únicamente con el mecanismo de defensa del miedo para preservar nuestra vida. En realidad, este mecanismo de defensa no es la mejor forma de reaccionar porque es reaccionar desde el pánico. Por eso nos proponen otro enfoque. Cuando no tenemos miedo, si no entramos en pánico, podemos ver la situación con mayor claridad y utilizar nuestra sabiduría para decidir cuál sería la mejor acción.

Lo primero que tenemos que entender es que existe la posibilidad de la liberación. Entonces comprenderemos bien en qué consiste la práctica. Entenderemos que no es algo lejano. Incluso la iluminación ya no está a muchas vidas de distancia, ¡podremos ver el resultado ahora! E incluso si no somos los mejores practicantes, al menos ahora podemos entenderlo. Las instrucciones que recibes de un maestro, como las "instrucciones destacadas", son importantes, pero un maestro sólo puede señalar cosas; uno nunca puede estar seguro de que el estudiante entenderá lo que quiere decir. Puede que el estudiante se distraiga mirando a las avutardas. Con lo que el estudiante tiene que entender y comprender por sí mismo.

La introducción al Mahamudra no se da fácilmente. No porque haya algún derecho de autor y primero haya que pagar la cuota correspondiente, o porque haya algo secreto en él, sino, simplemente, porque es inútil dárselo a personas que no están preparadas para recibirlo. En realidad, la mayoría de profesores hablan de ello, pero pasa desapercibido. Se necesita una preparación y aquí es donde el Ngöndro puede resultar útil. Sin embargo, a veces no resulta útil. Incluso si se hace todo, no es garantía de que se esté preparado. Cuánto estés preparado dependerá de cuánto hayas comprendido, de cuánto hayas cambiado.

Y luego, es importante escuchar las instrucciones una y otra vez. Una vez asistí a una enseñanza de Nyoshul Ken Rimpoché. Fui a verle para hacerle preguntas. Me preguntó si ya había memorizado el texto, y cuando le admití que no lo había hecho, me dijo: "Primero te aprendes el texto de memoria y luego vuelves a mí". Para recordar un texto, hay que leerlo muchas veces, lo que ayuda a comprenderlo. Memorizar es un proceso de aprendizaje. Al principio crees que sabes lo que significa, pero en realidad sólo conoces las palabras. Sin embargo, cuando tienes toda la información a mano, cada vez que ocurre algo, lees algo, recibes instrucciones diferentes o ocurre algún incidente, inmediatamente lo relacionas con las palabras, con la información que has memorizado, y obtienes una comprensión más profunda. Como de lo que estamos hablando es experiencia, entiendes que no se trata sólo de palabras.

Esto se ilustra con la historia de Naropa y Tilopa. Naropa era un profesor muy erudito y muy famoso de la Universidad de Nalanda. Estaba muy satisfecho de sí mismo. Solía pensar: "La gente cree que sé mucho, pero a decir verdad, lo sé todo". Pero una vez, mientras leía un tratado muy profundo sobre el tantra y se felicitaba por lo bien que lo entendía, una sombra se cernió sobre su libro y cuando levantó la vista, vio a una anciana. Ella le dijo: '¡Tú crees que sabes, pero en realidad no entiendes nada! ¡Tú sólo conoces las palabras!' Naropa comprendió inmediatamente que tenía razón y le preguntó: '¿Quién sabe?' Cuando escuchó su respuesta: '¡Mi hermano Tilopa lo sabe!' ni siquiera se molestó en enrollar su texto, se levantó y lo dejó todo para ir a buscar a Tilopa. Siguió a Tilopa durante muchos años y durante todos estos años, pasó por terribles dificultades impuestas por Tilopa. Nunca recibió ninguna enseñanza formal de Tilopa pero tenía una fe inquebrantable en él. Y una vez, Tilopa se enfadó mucho (su comportamiento era muy poco convencional y solía encolerizarse con facilidad) y arrojó su sandalia de madera directamente a la cara de Naropa. Naropa se desmayó, pero cuando volvió en sí, ¡sabía todo lo que sabía Tilopa! Había comprendido la verdadera naturaleza de todo.

Esta historia ilustra el hecho de que esta comprensión es una experiencia. Puedes aprender mucho, pero aún así no es suficiente.

# Los cuatro yogas de Mahamudra

El Mahamudra generalmente se enseña en cuatro etapas:

- Unicidad
- Simplicidad
- Un solo sabor
- No meditación.

## Unicidad

Con respecto a la unicidad, Patrul Rimpoché dijo que deberíamos empezar cortando el flujo de la mente. Es como la meditación shiné. Desaceleramos el movimiento, tratamos de no seguir lo que surja, las percepciones de los cinco sentidos, los pensamientos y las emociones. Dejamos que la mente se vuelva menos turbulenta, se calme, que permanezca en calma, que descanse y se relaje. Así trabajamos en nuestras reacciones: dejamos de engancharnos a las cosas. La aversión y el apego surgen porque, a un nivel sutil, nos enganchamos a las percepciones y luego construimos sobre ellas. Si aprendemos a no engancharnos a lo que surge, cortaremos el proceso de "seguir" y la reacción en cadena. Entonces nuestra mente se calma y se vuelve clara y pacífica. Esa es la meditación con la que comenzamos.

Por ejemplo, nos concentramos en nuestra respiración porque la respiración está ocurriendo todo el tiempo y está ocurriendo ahora. En realidad, al hacer esto, estamos situando nuestra mente en el momento presente. Los pensamientos y las emociones siempre están conectados y basados en el pasado y en el futuro. No podemos seguir los pensamientos si permanecemos en el momento presente. Por ejemplo, si decimos "esto es bueno", podemos decirlo porque es mejor que algo que experimentamos en el pasado. Cualquier reacción está siempre relacionada con nuestra experiencia pasada. En el momento presente, simplemente "somos", sin basarnos en nada y nuestra mente se calma de forma natural y, por tanto, se vuelve alegre. Ese es el estado de shiné y es la primera parte de la unicidad.

La segunda parte es, en cierto modo, más importante. Se trata de experimentar la estabilidad dentro del movimiento. No sólo cuando estás sentado, meditando en un lugar tranquilo, puedes practicar la unicidad. Por supuesto, esto es muy importante y se puede llegar muy lejos con la meditación shiné. Puedes lograr un control total sobre tu mente y tu cuerpo. Puedes dejar que tu mente esté donde quieras y, por lo tanto, tienes un control total sobre las reacciones de tu cuerpo. Es lo que llamamos "shin jang" en tibetano.

Creo que la mayoría de la gente conoce el mural de la doma del elefante. La primera imagen muestra un elefante negro, loco y poderoso, conducido por un mono. Un hombre con un pequeño garfio y una cuerda corre tras ellos. El elefante representa nuestra mente al principio. El mono loco saltando por todas partes simboliza los cinco sentidos y el hombre que intenta atrapar al elefante somos nosotros mismos intentando domar nuestra mente con las herramientas de la conciencia y la vigilancia. Al principio, parece una tarea inutil, pero poco a poco, vemos cómo el hombre lo alcanza, le pone la cuerda alrededor del cuello al elefante, se sienta sobre su lomo y lo conduce a donde quiere. El mono desaparece y el elefante se vuelve poco a poco blanco y manso, tan manso que al final no hace falta ni cuerda ni gancho. Se sienta tranquilamente al lado del hombre.

Domar nuestra mente obstinada, violenta y extremadamente activa no es fácil. Requiere de un dominio sutil y mucha perseverancia. Debemos ser conscientes de nuestro objetivo y ser diligentes, sabiendo al mismo tiempo que se trata de soltar, de dejar ser. Por lo general, cuando estamos motivados y ponemos intención en hacer algo con diligencia, lo hacemos de una forma tensa, pero la meditación no es "hacer" nada. Se trata de dejar que las cosas se calmen, permaneciendo en un estado primordialmente natural. Tenemos que encontrar un equilibrio entre el esfuerzo y la relajación. Debemos "hacer" meditación en cierto modo "no haciendo" meditación. Esto sólo se aprende con la experiencia. Es como todo lo que se aprende, como conducir un coche, por ejemplo. La teoría es fácil de aprender. Yo tardé un día en aprobar el examen, pero tardé más de tres meses en saber conducir de verdad y suspendí el examen práctico dos veces antes de aprobarlo. Puedes tener los mejores profesores, como los tuve yo, y que te digan todo lo que tienes que hacer, lo cual sin duda es muy útil, pero luego tienes que hacerlo tú mismo. ¡Una cosa es la teoría y otra la práctica!

Pero volvamos a la segunda parte. La estabilidad en la meditación es importante, pero lo principal es aprender a no dejarse llevar por el movimiento de la mente. Esa es la parte más importante. Si puedes encontrar eso, ya nada podrá perturbarte. La estabilidad que se puede experimentar al parar el movimiento se puede perder. Si pasa algo, si surge una fuerte perturbación, la perderás. La estabilidad que experimentas dentro del movimiento, cuando la mente y los cinco sentidos están funcionando, cuando los pensamientos y las emociones están en marcha, esa estabilidad es lo que llamamos la verdadera unicidad. En cierto modo es una extensión de la primera, pero es mucho más profunda. Los pensamientos y las emociones surgen todo el tiempo. Deberías verlos como parte de la mente, como su resplandor, como el resplandor del sol. Cuando los percibes así, ya no tienes por qué temerlos; ¡simplemente puedes dejarlos ser!

Mucha gente conoce la historia de la Señora Paldarbum y Milarepa. Milarepa le dio estas instrucciones a la Señora Paldarbum: "Medita como el cielo, sin centro ni límites. Medita como el mar, sin fondo. Medita como la montaña, con estabilidad". Entonces, después de haber meditado por un rato, la Señora Paldarbum fue a ver a Milarepa y le preguntó: "Está muy bien meditar como el cielo, pero ¿qué hago cuando hay nubes que pasan por el cielo? Está muy bien meditar como el mar, pero ¿qué hago cuando hay olas? Está muy bien meditar cuando mi mente está tranquila y clara, pero ¿qué hago cuando surgen pensamientos y emociones?'

Entonces Milarepa le dijo: 'Las nubes en el cielo no molestan al cielo, van y vienen sin cambiar su naturaleza. Las olas no son un problema para el mar, pues simplemente son parte del mar. Lo mismo ocurre con tu mente. Los pensamientos y emociones no deben molestarte, pues forman parte de tu mente; son sólo su manifestación natural".

Todo es cuestión de tomar lo que surja como parte de la mente. Todo viene y va sin molestarte. Alegría, tristeza, ira, deseo, inseguridad, todos los pensamientos y emociones, simplemente, van y vienen. No pasa nada. Cuando sabes que lo que venga se irá de todos modos, puedes dejarlo venir, ya no te sientes dominado por lo que surge. Y, entonces, tienes verdadera confianza. Sabes que puedes con lo que venga, no tienes nada que temer. Todo está bien. Una experiencia fuerte y completa de esto es la unicidad, y puede llegar muy lejos. Cuando hablamos de Mahamudra, podemos hablar de estas cuatro etapas, pero aunque sólo se experimente la primera parte, es casi suficiente.

## Simplicidad

El segundo punto suele traducirse como simplicidad. Es más bien "lhakthong", es decir, encontrar nuestra verdadera naturaleza. Patrul Rimpoché lo describe así:

*"A través de la observación o el análisis de la verdad relativa, se encuentra la verdad última. Al examinar la verdad última, se ve cómo surge la verdad relativa".*

Al final, se trata de comprender, profundamente, la naturaleza de las dos verdades y ver que no son dos cosas diferentes. Cuando vemos esto con claridad, entendemos la unión de las apariencias y la vacuidad. Este análisis difiere del enfoque científico en que los científicos miran "hacia afuera", mientras que en la práctica budista miramos hacia afuera pero también "hacia adentro". Tenemos la experiencia de encontrar la vacuidad y el desinterés, la inseparabilidad de la conciencia y la vacuidad; de las apariencias y de la vacuidad. Adentrarse más allá de estos extremos opuestos es la experiencia de la simplicidad.

## Un solo sabor

Esto nos lleva al siguiente punto, "un solo sabor". Es la experiencia de ir más allá del samsara y del nirvana. Samsara y nirvana son sólo conceptos. No son dos cosas, son la misma cosa, tan sólo es una cuestión de percepción diferente. Samsara es lo que percibimos con una distorsión temporal, mientras que nirvana es lo que percibimos cuando esta distorsión se ha aclarado. Una experiencia profunda de las dos verdades como si fueran una es lo que llamamos un solo sabor. Cuando nos damos cuenta de esto, ya no reaccionamos con aversión, miedo o apego. No es una experiencia de indiferencia, sino de total claridad. Todo está sumamente claro. En su esencia, nuestra mente es claridad o conciencia clara. No hay barreras, es ilimitada y, por lo tanto, podemos verlo todo. Sólo cuando estamos condicionados nos limitamos y no utilizamos toda la capacidad de nuestra mente. Cuando comprendemos el carácter ilimitado de nuestra mente, dejamos de decir "yo" o "mí". El Buda nunca dijo "yo"; siempre se refirió a sí mismo como el "Tathâgata", que significa "así ido" o "así venido", una indicación de que no es el primer ni el último Buda, solo encontró lo que hay. Esta experiencia es lo que llamamos un solo sabor.

## No meditación

La última etapa se denomina la "no meditación". Es algo así como el resultado, la última etapa del Mahamudra. Incluso un solo sabor llega a madurar completamente y experimentamos que no hay nada más que hacer, nada más en lo qué trabajar, ningún samsara que abandonar y ningún nirvana que alcanzar. Nos damos cuenta de que la iluminación siempre ha estado ahí. Ni siquiera es algo que hayamos desarrollado o de lo que nos acabemos de dar cuenta.

Con lo que, estas son las cuatro etapas del Mahamudra, y eso es todo lo que puedo decir al respecto. Para quienes practican Mahamudra, la primera etapa es la más importante. Aunque en el Mahamudra el análisis no se realiza exactamente como en el Madhyamika, la comprensión de la filosofía Madhyamika también es importante. Quienes practican Mahamudra también deben comprender el tipo de análisis utilizado en Madhyamika.

## Guru Yoga y devoción

Normalmente, solemos practicar Mahamudra dentro del contexto del Guru Yoga. Este es también el caso del Dzogchen, que se practica en el contexto del Guru Yoga.

Es importante comprender que existen dos enfoques budistas. Por un lado, el budismo es muy racional y no debemos aceptar nada porque sí, a ciegas. Incluso Buda dijo, que debemos examinar sus palabras y aceptarlas sólo cuando lleguemos a la conclusión personal de que son buenas y verdaderas. Hay en el budismo un fuerte énfasis en la lógica y una importante base racional. En cambio, por otro lado, el budismo también utiliza enfoques menos racionales, como es el caso de la devoción, que se utiliza como un medio de práctica importante.

La devoción a Buda, a un gurú o a un yidam se utiliza como camino (y se trata de un camino muy potente), especialmente en las enseñanzas del Mahamudra, donde hay que ir más allá del intelecto. Usamos la devoción porque la devoción es una emoción clara y positiva y un intenso medio de meditación. Creo que deberíamos entender de qué estamos hablando aquí. No estamos hablando de tener devoción a una persona. Por supuesto, puedes ser devoto de alguien, pero aquí estamos hablando más de la devoción en sí misma, la devoción como un "camino". No es el objeto de la devoción lo que importa, es la devoción misma la que posee una gran fuerza y, en cierto modo, esa devoción hace que suceda el milagro.

Voy a contar la historia del diente de perro. Había un comerciante tibetano que viajaba regularmente a la India por sus negocios. Su madre era muy devota. La primera vez que partió hacia la India, ella le pidió que trajera algunas reliquias de Buda, ya que se dirigía a ese país tan sagrado, el mismo lugar donde Buda había vivido y enseñado. Pero el hijo se olvidó. La siguiente vez, la madre repitió el encargo, pero el hijo se olvidó de nuevo. Y así se repitió el olvido en el tiempo, durante varias ocasiones más. Entonces, la madre amenazó a su hijo: "Me estoy haciendo vieja y puede que muera pronto. Si esta vez te vas, y no me traes alguna reliquia del Buda, ¡me mataré delante de ti!" Pero una vez más, el hijo se olvidó. Sin embargo, cuando regresaba, recordó las palabras de su madre. Ya sabéis que los tibetanos son muy tercos y él sabía que su madre era perfectamente capaz de hacer lo que había prometido y suicidarse delante de él. Como no estaba muy lejos de su pueblo, miró a su alrededor para ver que podía encontrar. Entonces, vio el esqueleto de un perro. Le quitó uno de los dientes, lo limpió, lo pulió un poco y lo envolvió en una preciosa seda india. Cuando llegó a casa, se la dio a su madre, diciéndole: "Esta vez te traje tu reliquia, ¡y qué reliquia! El mismísimo diente del Buda.' Su madre lloró de alegría y puso el diente del perro en su altar. Rezaba y rezaba todo el día con la más profunda devoción. Al cabo de un tiempo, del diente comenzó a brillar el arco iris, del diente irradiaban rayos de cinco colores y, cuando la anciana murió, se vieron muchas señales maravillosas.

Por supuesto que el objeto de nuestra devoción también puede tener su importancia, pero debemos entender que el énfasis está en la devoción misma y es por eso que estas prácticas generalmente se realizan dentro del contexto del guru yoga.

# Comentarios y preguntas

*Estudiante:* Has dicho que el miedo está en el núcleo del apego y la aversión, ¿está también en el núcleo de la ignorancia?

*Rimpoché:* No, la ignorancia es el núcleo del miedo.

*Estudiante:* Has mencionado la "mente despierta", y yo he entendido que hay algo detrás de la mente, ¿es correcto?

*Rimpoché:* Sí, se podría entender así. Y también se podría decir que no es correcto. La mente consciente tiene diferentes niveles. Desde el punto de vista del Mahamudra, hablamos de una sabiduría co-emergente y una ignorancia co-emergente. La ignorancia co-emergente es nuestra experiencia de un ego, la percepción distorsionada y errónea de nosotros mismos. La sabiduría co-emergente es la forma en que nos experimentamos a nosotros mismos y al mundo tal como es, cuando ese malentendido se ha aclarado. Se utiliza "co-emergente" porque siempre está ahí, por lo tanto, no está "detrás" en cierto sentido. Se puede decir "detrás" en el sentido de que nuestras percepciones están nubladas por nuestro condicionamiento.

*Estudiante:* ¿Qué quieres decir con "conectarse" en el contexto de la práctica?

*Rimpoché:* Lo que quiero decir es comprender, conocer las razones que subyacen a la práctica, cómo funciona ésta. Para conectar con la práctica tenemos que saber en qué nos puede ayudar, de lo contrario se queda en algo formal, exterior a nosotros y tendremos dudas sobre la utilidad de lo que estamos haciendo. Primero debemos tener una idea de la dirección que queremos tomar y saber por qué estamos practicando. Creo que primero deberíamos aprender a practicar, cómo funciona la práctica, por qué lo hacemos, y luego sólo hacerla. Sólo debes practicar lo que entiendes. La práctica más adecuada es una práctica que comprendes. Cuando sabes lo que estás haciendo y por qué lo haces, es fácil de practicar. Cuando sientas que es fácil, lo practicarás y entonces obtendrás resultados.

*Estudiante:* Me han enseñado que el hecho de estar separado de los demás es una ilusión. Me gustaría saber entonces, cuando morimos y renacemos, ¿soy realmente "yo"?

*Rimpoché:* Puede que el término "separados" no sea la palabra adecuada. En el budismo, miras algo, cualquier cosa, y preguntas de qué está hecho. ¿Qué soy yo? ¿Soy una cosa o muchas cosas? Cuando se investiga algo, no es recomendable saltar directamente a las conclusiones, sin embargo, cuando estamos enseñando así es la única manera de hablar de ello por falta de tiempo. Llegamos a la conclusión de que el cuerpo está hecho de muchos elementos y que la mente también es algo compuesto que cambia todo el tiempo. Un pensamiento no es el siguiente, todas las experiencias son diferentes. Además, nuestros conceptos y percepciones están vinculados a muchas cosas, son interdependientes. No podemos encontrar en nosotros mismos ninguna cosa independiente y permanente que podamos definir como "yo". Como todo lo demás, somos un continuo. Sin embargo, sentimos que somos una cosa independiente. Como acabo de explicar, nos percibimos a nosotros mismos como un "yo" en oposición a todos los "otros". Por supuesto, no soy mi vecino. Pero tampoco soy una cosa.

Nos liberamos del miedo cuando nos damos cuenta de que no hay nada que exista por sí mismo que podamos asegurar en nosotros mismos, por lo que, en cierto modo, no tenemos necesidad de sentirnos seguros. Es que, además, no hay nada que pueda ser destruido, por tanto, no hay nada que reencarnar.

La forma budista de ver la reencarnación difiere de la hindú. Los hindúes ven la reencarnación como cambiarse de ropa. A grandes rasgos, podríamos decir que también es el enfoque budista, pero cuando consideramos las cosas más profundamente, o, por ejemplo, leemos el Abhidharmakosha, queda claro que no es así. Es sólo un continuo. Mi próxima vida no soy exactamente yo y no soy exactamente no yo. Un momento de "mí" es causado por el último momento de mí y las reacciones que tuve. Y el mismo momento es también la causa del momento siguiente. Así que no se trata sólo de vida tras vida, sino de momento tras momento. Este cambio es constante. No soy la misma persona que era hace una hora, pero tampoco soy una persona diferente. Los ejemplos clásicos son: recitación, una llama, un espejo, un sello y un yogur.

Cuando yo recito algo y tú lo recuerdas, ¿cómo se produce esta transferencia? ¿La llama de una vela es la misma al principio y al final del proceso de combustión? El reflejo de ti mismo en un espejo no eres tú, pero no estaría ahí si no te pusieras delante del espejo. La huella o el timbre del sello tampoco estaría allí sin el sello. En cuanto al yogur, no es leche. Cuando tienes leche, no tienes yogur, cuando tienes yogur, ya no tienes leche, pero no puedes tomar yogur sin leche. Las cosas existen así, son un poco misteriosas.

# Dedicación

Todo mi balbuceo,
en el nombre del Dharma,
se ha fijado fielmente
por mis queridos estudiantes de visión pura.

Rezo para que al menos una fracción de la sabiduría
de esos maestros iluminados
quienes me entrenaron incansablemente
brille a través de esta masa de incoherencia.

Que los sinceros esfuerzos de todos aquellos
que han trabajado incansablemente
en la difusión del verdadero significado del Dharma
alcance a todos aquellos a los que les inspira saber.

Que esto ayude a disipar la oscuridad de la ignorancia
en la mente de todos los seres vivos
y condúcelos a la completa realización
libre de todo temor.

*Ringu Tulku Rimpoché*

# Glosario y notas

**Abhidharmakosha** (sánscrito; tibetano *ngön pa dzod*) Es una escritura autorizada sobre la metafísica budista según la tradición Hinayana. También se le conoce como 'El Compendio de Abhidharma' o 'La Casa del Tesoro del Conocimiento', y es un texto escrito por Vasubandhu (*siglo* IV AC aprox), que trata de la diferencia entre los fenómenos de *samsara* (ver más abajo) y los de nirvana (ver más abajo).

**Anatman** (sánscrito) se refiere a la inexistencia del "*yo*", por lo que a menudo se traduce como no-yo.

**Anuttarayoga Tantra** (tibetano *nal jor la na me pay ju*) Hay cuatro niveles del Vajrayana y el Anuttarayoga tantra es el más elevado de ellos. Incluye los tantras Guhyasamaja, Chakrasamvara, Hevajra y Kalachakra.

**Asanga** (tibetano *thok may*) Filósofo indio del siglo IV que fundó la escuela Cittamatra o Yogacara y escribió las cinco obras de Maitreya, que son las obras importantes del Mahayana.

**Bardo** (tibetano) El estado intermedio entre el final de una vida y el renacimiento en otra. Bardo también se puede dividir en seis niveles diferentes: el bardo del nacimiento, los sueños, la meditación, el momento antes de la muerte, el bardo del dharmata (la verdadera naturaleza de la realidad) y el bardo del devenir.

**Budismo Hinayana** (tibetano *tek pa chung wa*) Literalmente, el "vehículo menor". El primero de los tres yanas o vehículos. El término se refiere a las primeras enseñanzas del Buda, que enfatizaban el examen cuidadoso de la mente y su confusión. Es la base de las enseñanzas de Buda, centrándose principalmente en las Cuatro Nobles Verdades y los doce vínculos interdependientes del origen.

**Budismo Mahayana** (sánscrito; tibetano *tek pa chen po*) se refiere a una de las dos principales ramas del budismo existentes en la actualidad, siendo la otra el budismo

Theravada. El término *"Mahayana"* puede traducirse como *"Gran Vehículo"* y se refiere al Camino del Bodhisattva que jura liberar a todos los seres sensibles de los sufrimientos del samsara (véase más adelante). Estas son las enseñanzas del segundo giro de la rueda del Dharma, que hacen hincapié en la *shunyata*, la compasión y la naturaleza universal de Buda. El propósito de la iluminación es liberar a todos los seres sintientes del sufrimiento, así como a uno mismo. Las escuelas filosóficas mahayana aparecieron varios cientos de años después de la muerte de Buda, aunque la tradición se remonta a una enseñanza que se dice que impartió en Rajagriha, o montaña del Pico del Buitre.

**Canales** se refiere a los *'canales'* del cuerpo sutil, conocidos como *nadis* (sánscrito) o *tsa* (tibetano), a través de los cuales fluyen las energías y esencias sutiles. Hay tres canales sutiles principales en el cuerpo: el canal derecho, el izquierdo y el central. Estos canales no son anatómicos sino conductos a través de los cuales fluye la energía sutil.

**Charya Yoga Tantra** es una de las cuatro clases de tantra. Se le conoce como tantra de la "conducta" porque enfatiza sobre las acciones externas del cuerpo y del habla, así como la absorción meditativa de la mente.

**Dzogchen** y **Dzogpa Chenpo** (sánscrito *mahasandhi*) Literalmente se traduce como "la gran perfección". Corresponde a las enseñanzas más allá de los vehículos de causalidad, enseñadas por primera vez por Garab Dorje en el mundo humano.

**El surgimiento dependiente** (tibetano: *rten cing brel bar byung ba*), u originamiento dependiente o interdependencia, se refiere al surgimiento de fenómenos samsáricos.

**El Sutra del Corazón** (en sánscrito *Mahaprajnaparamita-hridaya-sutra*) es una breve interpretación de los textos budistas de la Perfección de la Sabiduría (*Prajnaparamita*, ver más abajo).

**El Uttaratantra Shastra** (sánscrito; tibetano *o gyu lama*) es la obra crucial de Asanga sobre la naturaleza de Buda.

**El Yo** se refiere al 'Verdadero Yo' en contraste con el ego o 'Yo'. Como dice Ringu Tulku en esta enseñanza: 'Cuanto más comprendas la vacuidad y la interdependencia (ya lo llames desapego o *Yo*), más sabrás cómo tratar tus problemas y tus tendencias habituales'.

**Guru Rimpoché** ver **Padmasambhava**

**Guru Yoga** (Tib. *lamay naljor*) Es una práctica de devoción al gurú que culmina con la recepción de su bendición y la fusión indivisible con su mente.

**Kagyu** (tibetano) *Ka* significa oral y gyu significa linaje; significa el linaje de transmisión oral y es una de las cuatro principales escuelas de budismo del Tíbet. Fue fundada en el Tíbet por Marpa y está dirigida por Su Santidad Karmapa. Las otras tres son las escuelas Nyingma, Sakya y Gelugpa.

**Karma** (sánscrito; tibetano *lay*) se refiere a los hechos y acciones subyacentes al ciclo de causa y efecto; se usa comúnmente para referirse a las consecuencias de esas acciones (*karma-phala* en sánscrito).

**Kleshas** (sánscrito *kleśa;* tibetano *nyön mong*) se refieren a impurezas mentales, venenos mentales o emociones aflictivas o tóxicas (ver arriba). Incluyen cualquier emoción que perturbe o distorsione la conciencia. Las tres kleshas principales son el deseo, la ira y la ignorancia. Las cinco kleshas son las tres anteriores más el orgullo y la envidia/celos.

**Kriya Yoga Tantra** (Tibetano *ja way gyu*) Uno de los cuatro tantras que enfatiza la pureza personal.

**La abnegación** (tibetano *dag me*) se relaciona con *anatman* (véase más arriba) o no-yo, y también con el altruismo y la ausencia de ego.

**Las costumbres** o tendencias habituales se refieren a las propensiones a actuar o reaccionar de determinadas maneras motivadas por acciones pasadas.

**Las emociones aflictivas** son las emociones negativas, tóxicas o *kleshas* (ver más abajo) de apego o aferramiento, aversión o agresión e ignorancia. Las emociones aflictivas pueden recibir diferentes nombres y clasificaciones; por ejemplo, pasión, odio, engaño y también incluyen el orgullo, celos y otros estados mentales negativos.

**Lhathong** (tibetano) o "*vipassana*" (pali; sánscrito *vipaśyanā*) es la meditación de "percepción", que suele practicarse tras haber adquirido cierta experiencia en meditación de "mantenimiento de la calma" (*shiné* o *shamatha*). Se refiere a la percepción de la vacuidad.

**Los Cinco Tratados de Asanga** son textos que se dice que el Buda Maitreya relaciona con Asanga y que son fundamentales para la escuela de filosofía budista "Sólo Mente" (Yogacara o Cittamatra).

**Los humores** son el equilibrio de los líquidos (bilis negra, bilis amarilla, flema y sangre) del cuerpo humano, que controlan la salud y las emociones, según la antigua medicina griega y romana. También en la medicina tibetana se encuentran tres humores: energía del aire (Tib. *rlung*), energía de la bilis (Tib. *mkhris pa*) y flema (Tib. *bad kan*).

**Madhyamika** (tibetano *u ma*) es la más influyente de las cuatro escuelas del budismo indio fundadas por Nagarjuna en el siglo II d.C. Es "la vía intermedia" entre el eternalismo y el nihilismo. El postulado principal de esta escuela es que todos los fenómenos (tanto los sucesos mentales internos como los objetos físicos externos) están vacíos de cualquier naturaleza verdadera.

**Mágico** se refiere a la forma efímera y transitoria en que los fenómenos pueden aparecer a la mente (realizada).

**Mahamudra** (tibetano *cha ja chen po o phyag chen*) significa literalmente "gran sello" o "gran símbolo", lo que significa que todos los fenómenos están "sellados" por la verdadera naturaleza primordialmente perfecta. El Mahamudra es una forma avanzada de práctica de la meditación, que comprende métodos para lograr una introducción directa a la naturaleza y la esencia de la mente. Hace hincapié en percibir la mente directamente en lugar de a través del análisis racional. También se refiere a la experiencia del practicante en la que se alcanza la unión de la vacuidad y la luminosidad y se percibe la no dualidad del mundo fenoménico y la vacuidad.

**Maitreya** es "El Amoroso"; el bodhisattva regente de Buda Shakyamuni, que actualmente reside en el cielo de Tushita hasta convertirse en el quinto Buda de esta era degenerada.

**Milarepa** vivió en el Tíbet entre los siglos XI y XII de nuestra era y fue un yogui errante famoso por sus cantos espontáneos de realización. Se dice que alcanzó la iluminación completa en una sola vida, tras una carrera inicial poco propicia como mago negro, gracias a las pruebas y enseñanzas de su gurú, Marpa el Traductor.

**Nagarjuna** (tibetano *ludrup*) vivió en la India en los siglos II y III de nuestra era y fundó la escuela budista del Camino Medio (sánscrito: *Madhyamaka*). Se le asocia con la filosofía de la *vacuidad* expresada en el Sutra *Prajnaparamita*.

**Naturaleza de la mente**, como dice Ringu Tulku en esta enseñanza: '*la naturaleza de la mente es la claridad*'. También se enseña que es inseparable de la vacuidad y de la energía compasiva en el budismo Mahayana.

**Ngöndro** (tibetano *sngon 'gro*): prácticas preliminares o fundamentales, cuyo objetivo es despejar la mente y permitir que la práctica progrese sin problemas.

**Nirvana** (sánscrito; tibetano *nyangde*) significa literalmente "extinguido" y es el estado de liberación del sufrimiento (véase *samsara*).

**Nyingma** (tibetano) es la escuela más antigua del budismo, basada en las enseñanzas de Padmasambhava y otros maestros en los siglos VIII y IX.

**Nyoshul Khen Rimpoché** (1932-1999) fue un gran maestro tibetano del dzogchen.

**Padmasambhava** (Guru Rimpoché), conocido como el "Nacido del Loto", es el gran mahasiddha indio del siglo VIII que llegó al Tíbet para domar todas las fuerzas elementales negativas y difundir el Budadharma. En particular, enseñó muchos tantras y prácticas Vajrayana, y ocultó muchos textos que más tarde revelarían sus discípulos.

**Paldarbum** o *Nyama Paldarbum* fue una discípula femenina de Milarepa, que practicaba como yoguini en la vida cotidiana.

**Paramita** (sánscrito) significa *'perfección', 'trascendental'* o culminación de virtudes específicas, que a menudo se reconocen como las seis perfecciones: generosidad, ética moral o disciplina, paciencia, esfuerzo o diligencia, concentración meditativa y sabiduría (que es *prajnaparamita* en sí misma). Las diez paramitas son las seis anteriores con: medios hábiles, aspiración, fuerza y sabiduría primordial. Cuando se perfeccionan, son acciones puras libres de conceptos dualistas.

**Patrul Rimpoché** (1808-1887) fue un gran maestro tibetano del dzogchen y autor de *'Las palabras de mi maestro perfecto'*.

**Prajna** (sánscrito; tibetano *she rab*) significa "*sabiduría*" o "*conocimiento perfecto*" de ver las cosas desde un punto de vista no dualista. En el contexto budista, es la sabiduría de la realización directa de las Cuatro Nobles Verdades: impermanencia, interdependencia, karma, no-yo y vacuidad.

A veces se dice que **Rigpa** no es traducible, ya que se refiere a la mente realizada. Sin embargo, quizá pueda entenderse como "conciencia autorreflexiva", es decir, la conciencia que se reconoce a sí misma como consciente.

**Samsara/samsárico** (sánscrito; tibetano *kor wa*) es el estado de sufrimiento (véase *nirvana*) de la "existencia cíclica". Es la existencia condicionada de la vida ordinaria en la que se produce sufrimiento porque, a través de la fuerza del karma, hay apego, aversión o agresión e ignorancia.

**Shiné** (tibetano *zhi gnas*) o Shamatha (sánscrito *śamatha*) es la meditación para permanecer en calma, para calmar la mente.

**Shin jang** (tibetano) significa "mente flexible".

**Shunyata o sunyata** (sánscrito): véase '*vacuidad*' más arriba.

**Sutra Prajnaparamita**: los textos de la Perfección de la Sabiduría, o canon escritural del budismo Mahayana (véase más arriba).

**Sutrayana** es el enfoque de los sutra para alcanzar la iluminación, que incluye tanto el Hinayana como el Mahayana.

**Tantra** (tibetano *gyu*) significa literalmente "continuidad", y en el budismo se refiere tanto a los textos como a las propias prácticas meditativas tántricas y vajrayana.

**Tathagata** (sánscrito) es el nombre que Buda utilizó para referirse a sí mismo en los Sutras, y significa tanto el "El que así ha ido" como él "El que así ha venido".

**Vacío**, vacuidad o *shunyata* (sánscrito; *tibetano tong pa nyi*). Como dice Ringu Tulku en esta enseñanza: "*El vacío no significa que no hay nada, el vacío significa la forma en que todo es, la forma en que todo se manifiesta mágicamente*". A veces también se traduce como vacuidad. El Buda enseñó en el segundo giro de la rueda del Dharma que los fenómenos externos y los fenómenos internos o el concepto de uno mismo o "yo" no tienen existencia real y por lo tanto están "vacíos". Es un término que indica la falta de cualquier entidad independiente verdaderamente existente en la naturaleza de todos y cada uno de los fenómenos.

**Vajrayana** (tibetano *dorje tek pa*) significa literalmente "como un diamante" o "capacidad indestructible". El Vajrayana se basa en los Tantras y es el método de tomar el resultado como camino.

**Yidam** (tibetano) es una deidad tántrica que encarna las cualidades de la budeidad y sobre la que se medita en el Vajrayana. *Yi* significa mente y *dam* significa puro o inseparable. Así, el yidam representa la naturaleza despierta o apariencia pura del practicante.

**Yoga Tantra** es la clase de tantra que enfatiza la meditación sobre la realidad, combinando medios hábiles y sabiduría.

# Agradecimientos

Me gustaría aprovechar esta oportunidad para agradecer a todos los involucrados en la publicación de Heart Wisdom Four: Mary Heneghan y Jonathan Clewley por su arduo trabajo en la transcripción y edición de la enseñanza de la vacuidad. A Corinne Segars por la transcripción original y la edición de Mahamudra y Dzogchen. A Pat Little por ayudarme a reeditar Mahamudra y Dzogchen. Al equipo de la Editorial Bodhicharya, especialmente a Tim Barrow, Rachel Moffit, Dave Tuffield, Eric Masterton, Pat Murphy y Jet Mort por su revisión de esta publicación.

Como siempre, a Paul O'Connor por la distribución, el diseño y su infinita paciencia.

Nuestro más profundo agradecimiento a Ringu Tulku al compartir su sabiduría del corazón aquí.

*Margaret Ford*

Editorial Bodhicharya

Octubre 2011

# Acerca del autor

Ringu Tulku Rimpoché es un maestro budista tibetano de la Orden Kagyu. Se ha formado en distintas escuelas budistas tibetanas con grandes maestros, entre ellos S.S. 16º Karmapa Gyalwang y S.S Dilgo Khyentse Rimpoché. Recibió su formación académica en el Instituto de Tibelogía en Namgyal, Sikkim y en la Universidad Sánscrita de Sampurnananda, en Benarés, India. Fue escritor de libros de texto tibetanos y profesor de estudios tibetanos en Sikkim durante 25 años.

Desde 1990 viaja y enseña budismo y meditación en Europa, América, Canadá, Australia y Asia. Ha participado en diversos encuentros interreligiosos y diálogos entre "Ciencia y Budismo" y es autor de varios libros sobre temas budistas. Entre estos títulos se incluyen: Path to Buddhahood, Daring Steps, The Ri-me Philosophy of Jamgon Kongtrul the Great, Confusion Arises as Wisdom, la serie Lacy Lama y la serie Sabiduría del corazón; además de varias obras infantiles, disponibles en tibetano y en varias lenguas europeas.

Fundó la organización Bodhicharya, ver www.bodhicharya.org y la Fundación Rigul Trust www.rigultrust.org

*Para conocer las novedades de las obras de Ringu Tulku, consulte la sección de publicaciones de*

# www.bodhicharya.org

*Estos títulos se producen gracias a la aportación profesional voluntaria y gratuita de nuestros colaboradores. La Editorial Bodhicharya se gestiona por voluntarios, con lo que el importe de la compra de cualquiera de nuestros títulos se destina a financiar nuevos títulos y a contribuir a proyectos educativos y humanitarios.*

*Gracias.*

www.ingramcontent.com/pod-product-compliance
Lightning Source LLC
Chambersburg PA
CBHW041314110526
44591CB00022B/2905